HECHIZOS MÁGICOS
Libro para colorear

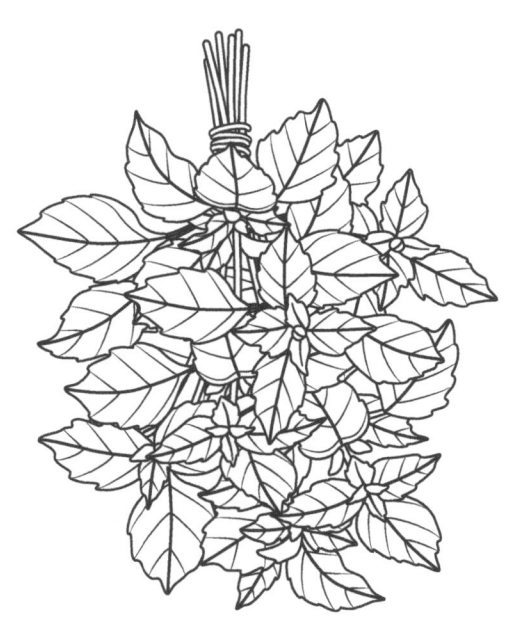

HECHIZOS MÁGICOS
Libro para colorear

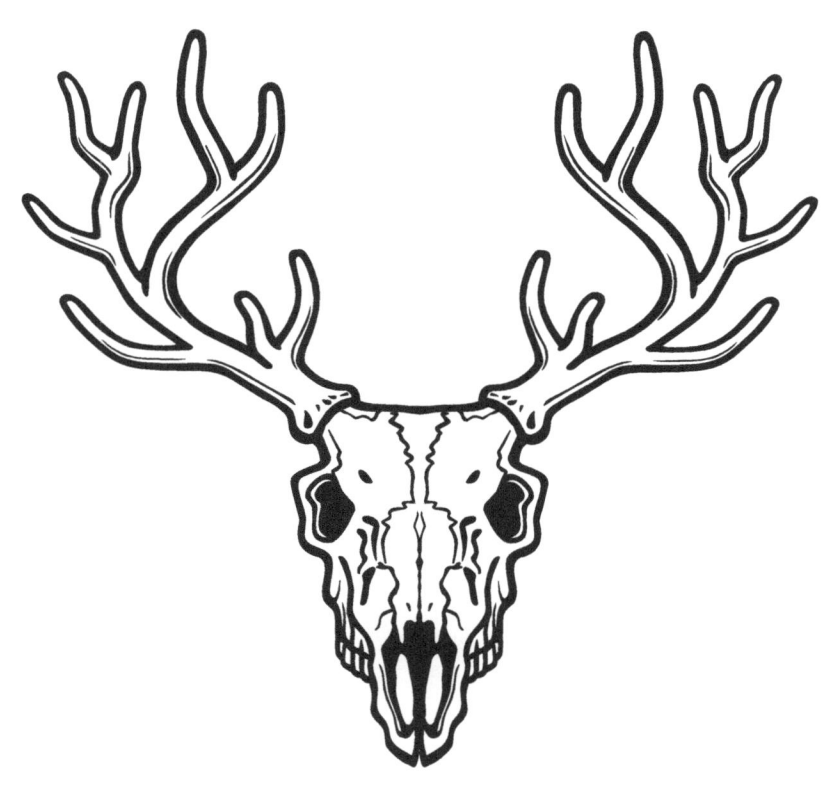

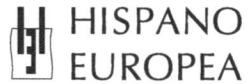 HISPANO
EUROPEA

Título de la edición original: Magic spells. Colouring Book

Copyright © Arcturus Holdings Limited
26/27 Bickels Yard, 151–153 Bermondsey Street,
London SE1 3HA

© de la edición en castellano, 2026:
Editorial Hispano Europea, S. A.
E-mail: hispanoeuropea@hispanoeuropea.com

Depósito Legal: B 3344-2026
ISBN: 978-84-255-2118-8

Consulte nuestra web:
www.hispanoeuropea.com

Impreso en España

Introducción

La magia ha existido desde que existen los seres humanos. Incluso hoy en día, los símbolos se ven y se utilizan en todo el mundo, desde el ojo que todo lo ve hasta los pentagramas. Existen en la actualidad muchos aquelarres activos, y el ocultismo y la magia siempre han intrigado a las personas.

Este libro para colorear contiene una gran variedad de ilustraciones para probar y colorear. Incluye imágenes históricas como el caldero y su guardiana Cerridwen, criaturas míticas como los dragones celtas y usos prácticos como mezclas de hierbas reunidas para la intervención mágica. Junto a las imágenes se presentan hechizos beneficiosos e información sobre la magia que existió y que aún existe en el mundo.

Así que prepárate una bebida, coge tus lápices de colores o rotuladores, y descubre tu talento para dar vida a estas imágenes.

CÓMO INVOCAR A UN GRIMALKIN

El Grimalkin es un gato espiritual del folclore celta, posiblemente inspirado en avistamientos del gato montés escocés. Puedes invocar al Grimalkin si crees que alguien te está difamando o perjudicando de alguna manera. Enciende una vela gris o una vela de té y di:

Grimalkin, Grimalkin, despeja mi sendero
Que quienes me difaman sientan tu enojo
Cenizas a cenizas y polvo al polvo
El pasado, muerto y enterrado, libre de desconfianza
Mientras recorro mi propio camino, tendré mi propia voz
Grimalkin, protégeme en cada lucha y refriega

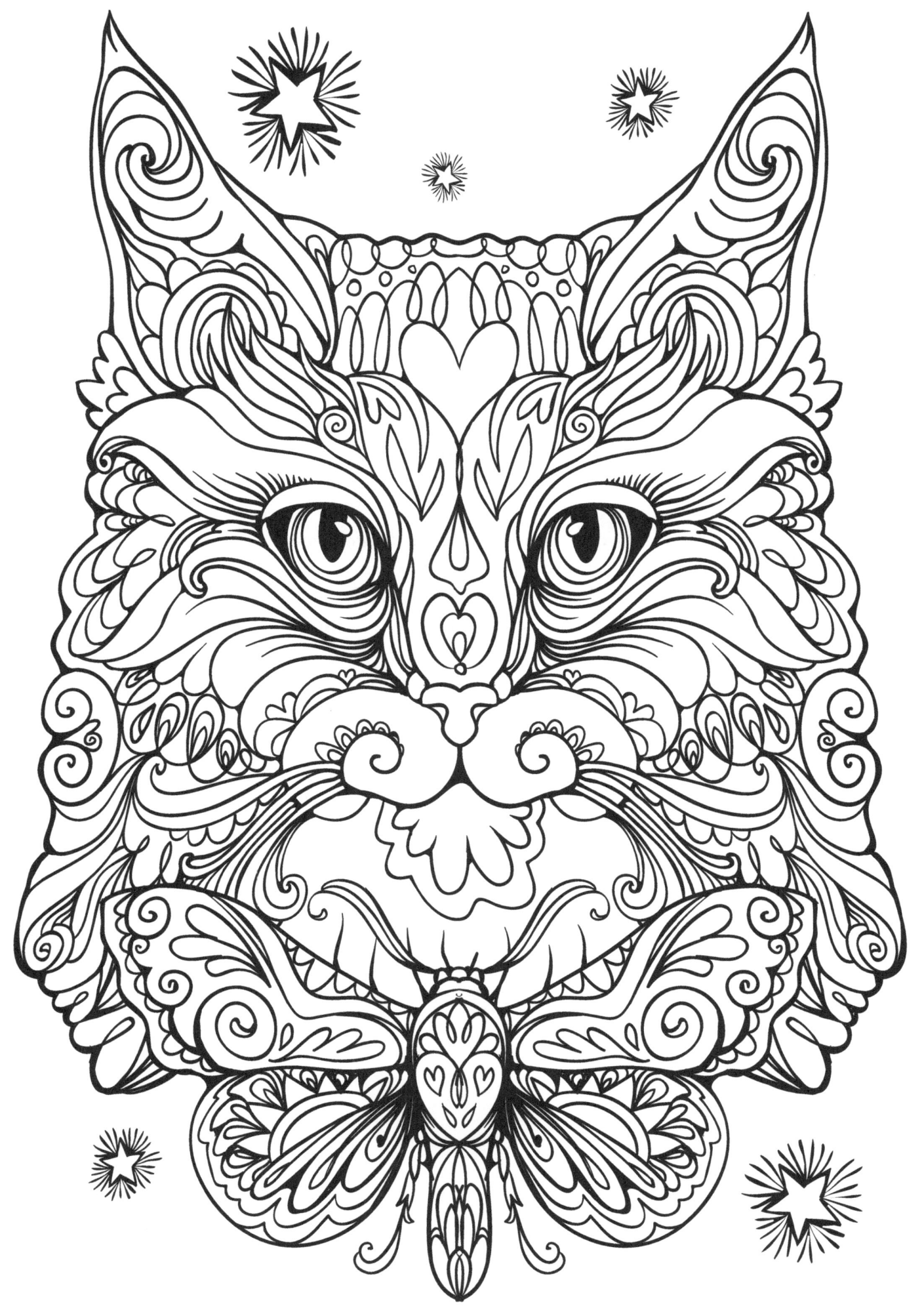

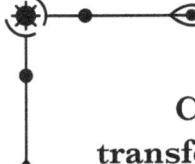

Cerridwen era la guardiana del caldero de la transformación y se dice que los guerreros celtas eran llevados a su caldero tras la muerte para renacer o transformarse. En la magia moderna puedes invocar a Cerridwen para que te ayude en cualquier periodo de cambio. Escribe tu objetivo en un trozo de papel y quémalo en un pequeño caldero mientras dices:

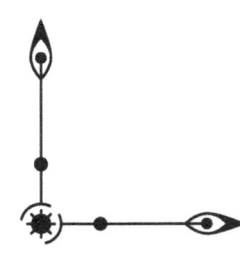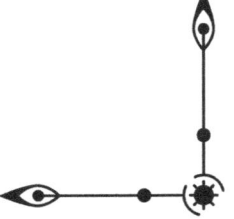

Cerridwen, guardiana del caldero
Toma este deseo verdadero
Transfórmalo en tu caldero
Renueva todo lo que fue primero

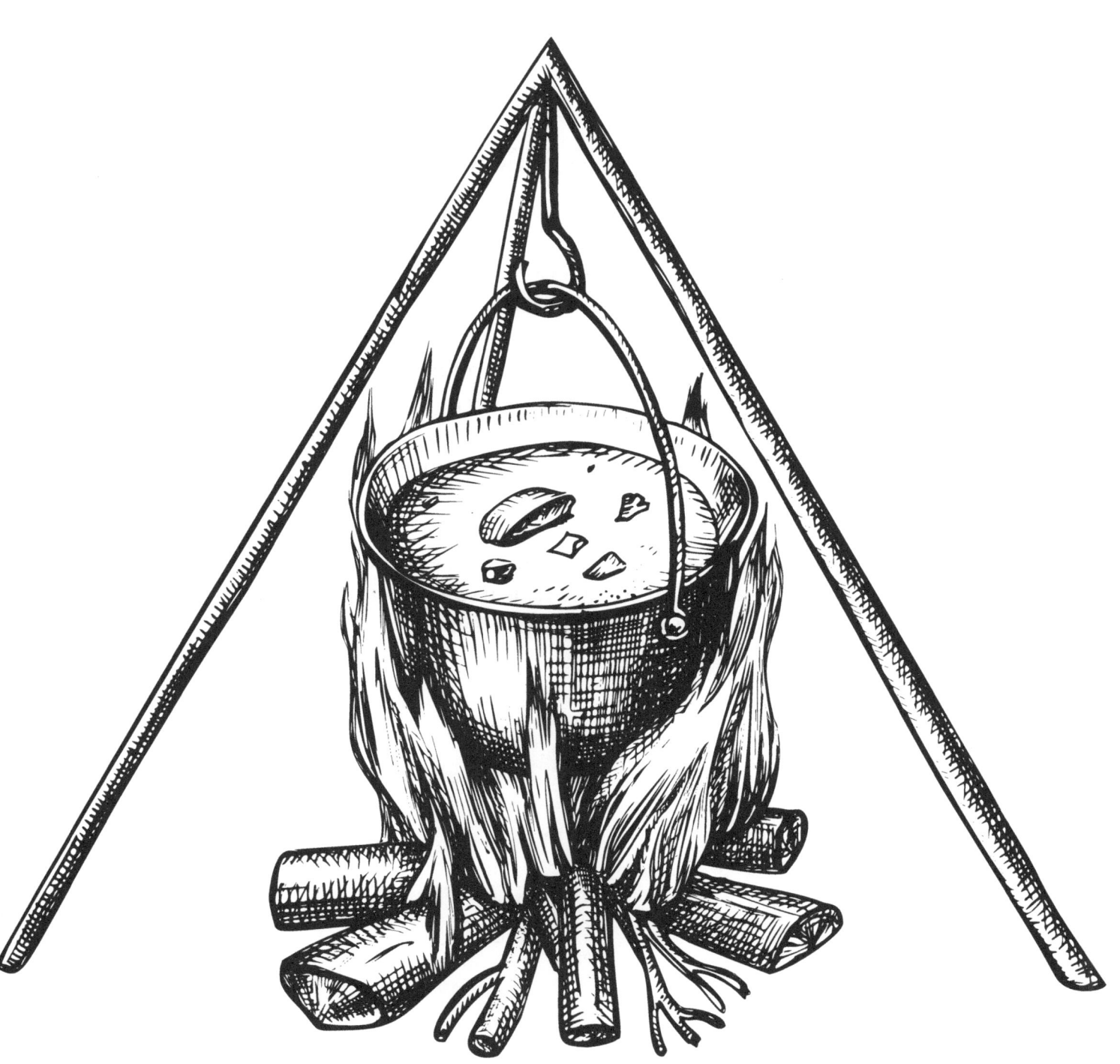

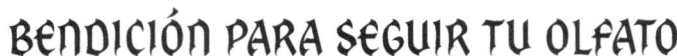

BENDICIÓN PARA SEGUIR TU OLFATO

Este hechizo es especialmente divertido de usar cuando estás de vacaciones o en un lugar desconocido. Detente un momento y cierra los ojos; luego di para ti o en voz alta:

Guardianes y guías, conducidme a un lugar mágico en esta zona, uno que me traiga alegría y felicidad y que mejore mi estancia en este lugar. Confío en vuestra guía y seguiré adonde me llevéis, sabiendo que me mantenéis a salvo. Así sea.

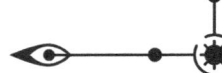

Ahora, ¿en qué dirección debo ir? Permanece de pie hasta que sientas un tirón o impulso hacia una dirección concreta y dirígete por ese camino.

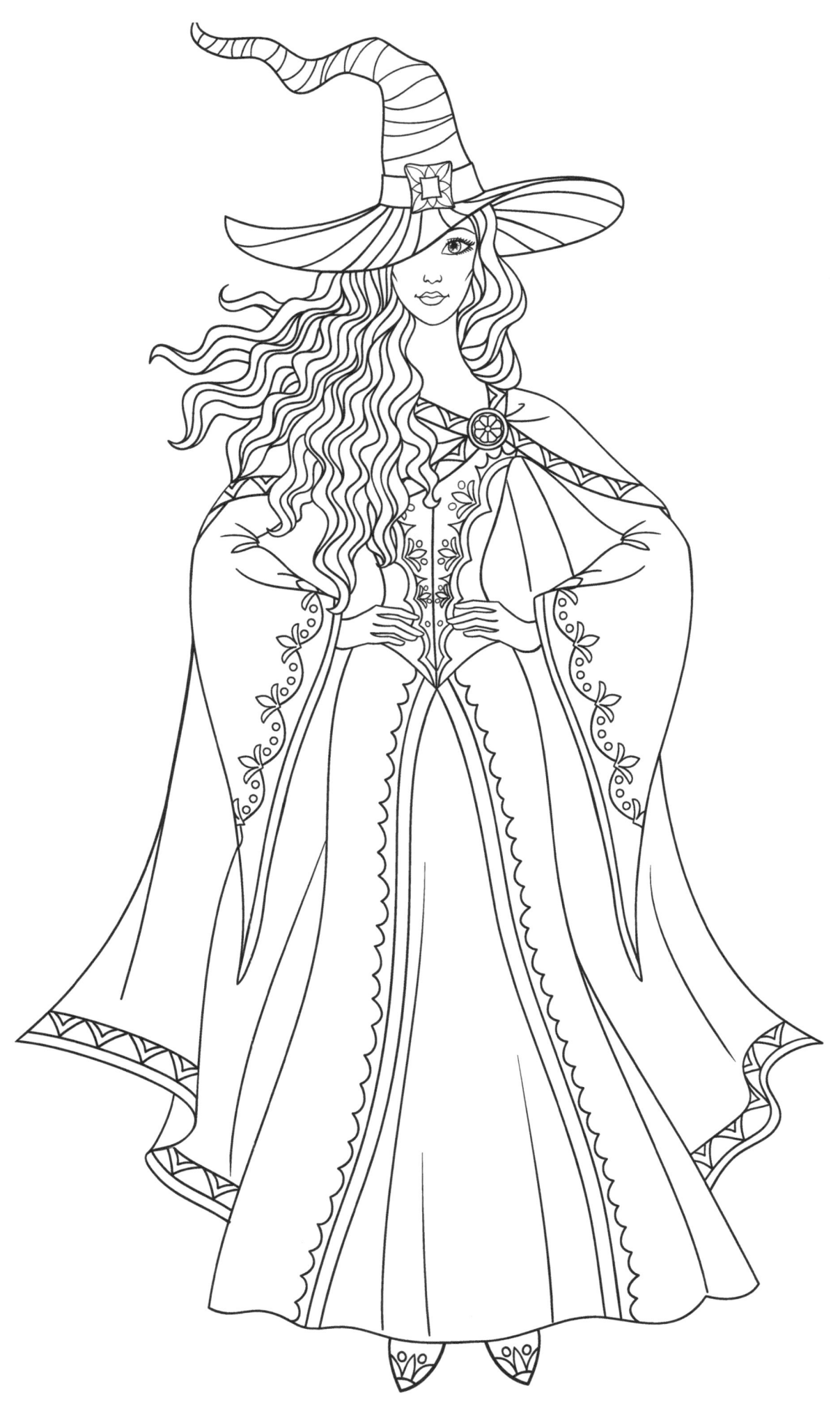

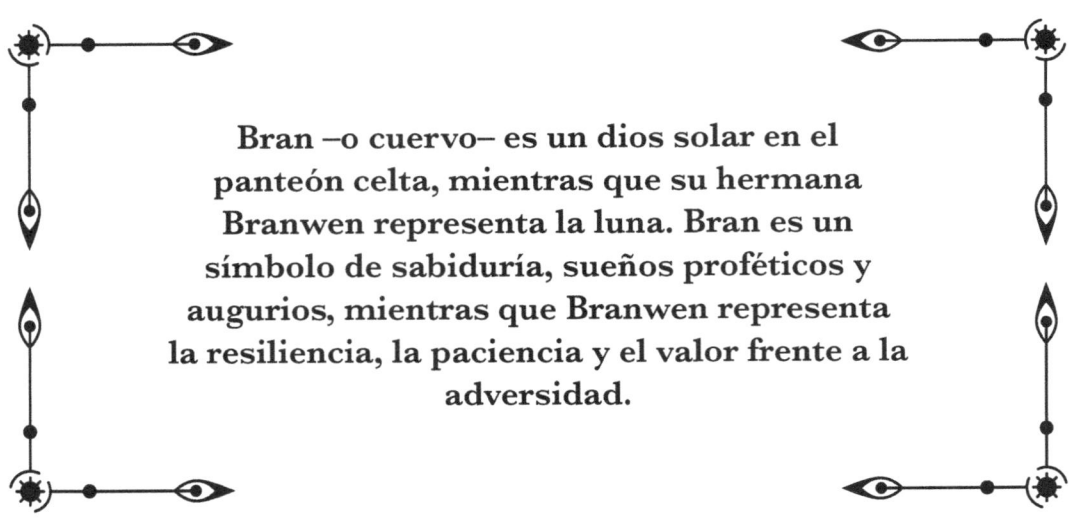

Bran –o cuervo– es un dios solar en el panteón celta, mientras que su hermana Branwen representa la luna. Bran es un símbolo de sabiduría, sueños proféticos y augurios, mientras que Branwen representa la resiliencia, la paciencia y el valor frente a la adversidad.

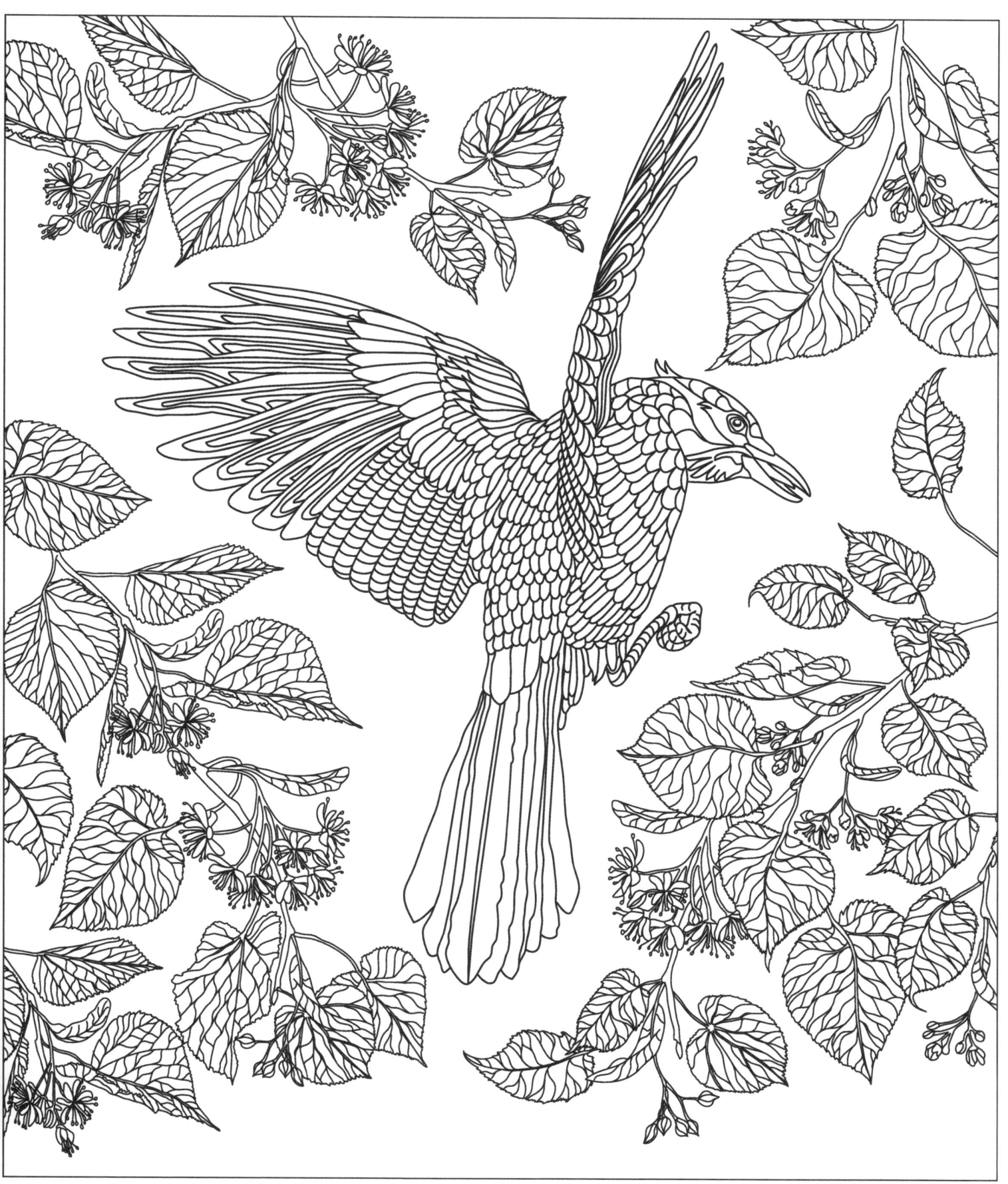

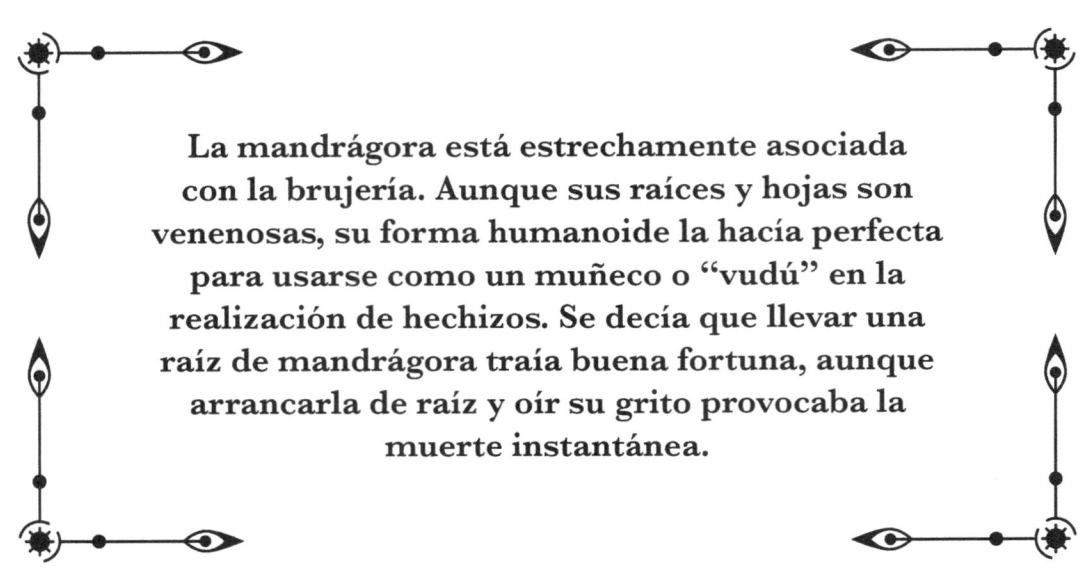

La mandrágora está estrechamente asociada
con la brujería. Aunque sus raíces y hojas son
venenosas, su forma humanoide la hacía perfecta
para usarse como un muñeco o "vudú" en la
realización de hechizos. Se decía que llevar una
raíz de mandrágora traía buena fortuna, aunque
arrancarla de raíz y oír su grito provocaba la
muerte instantánea.

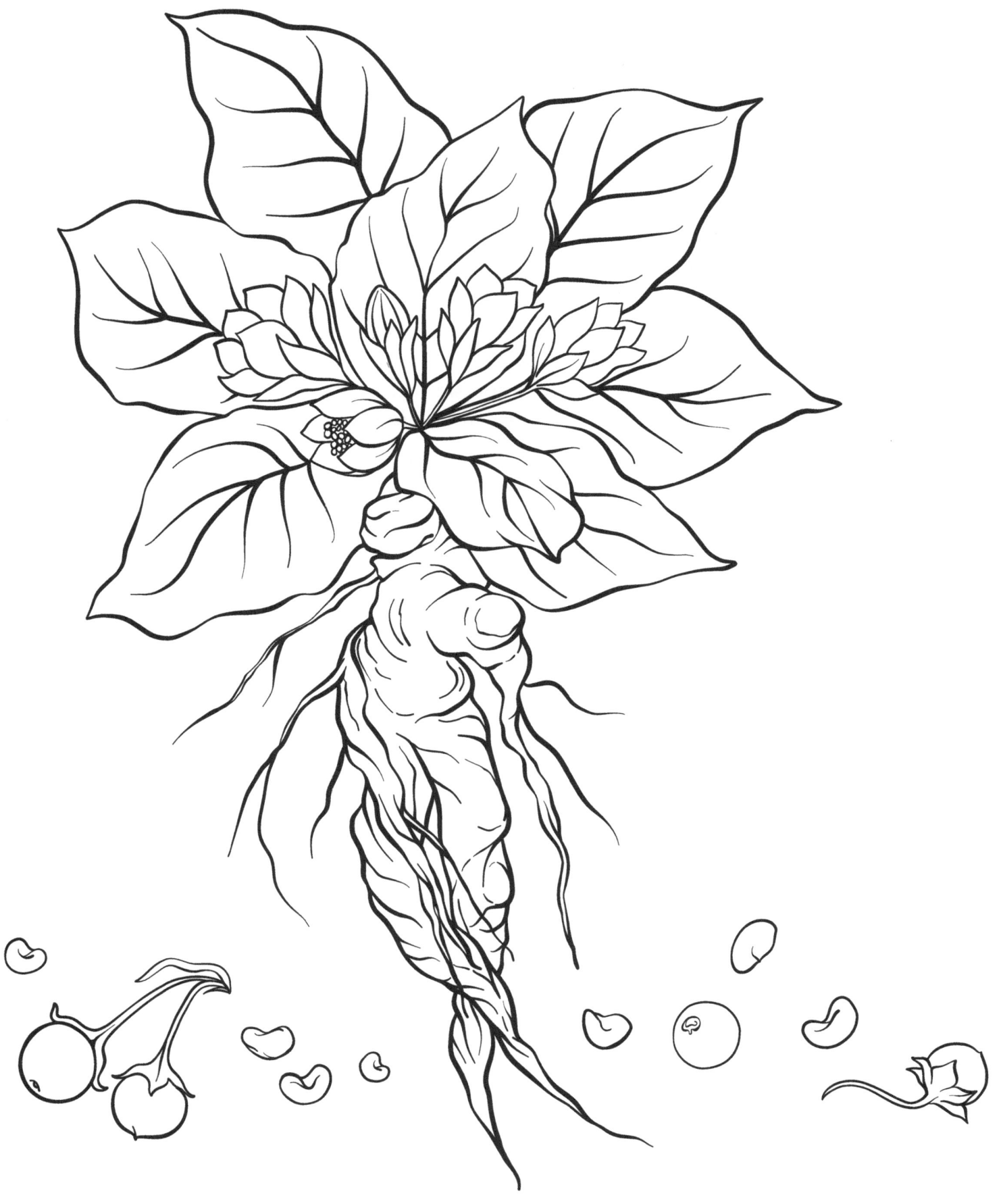

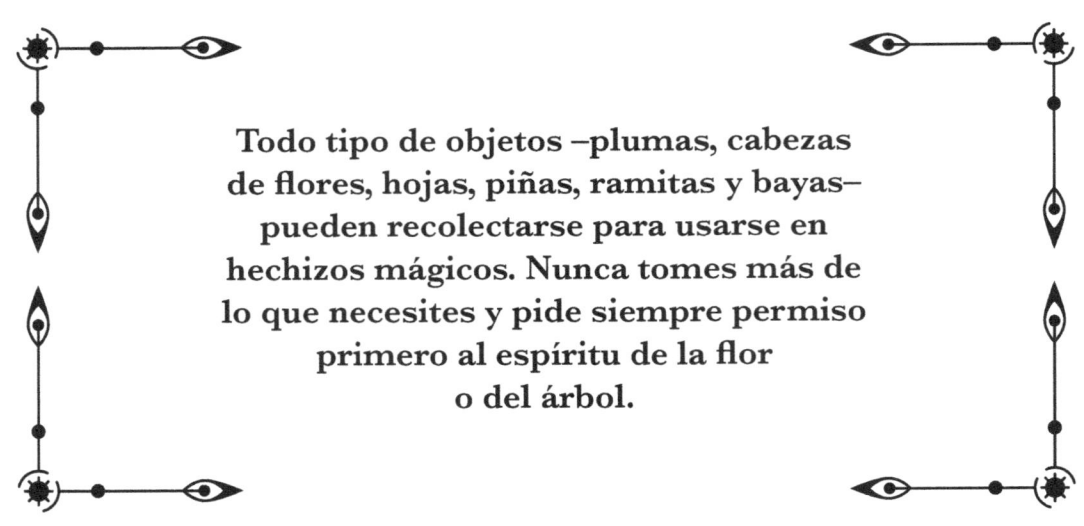

Todo tipo de objetos –plumas, cabezas de flores, hojas, piñas, ramitas y bayas– pueden recolectarse para usarse en hechizos mágicos. Nunca tomes más de lo que necesites y pide siempre permiso primero al espíritu de la flor o del árbol.

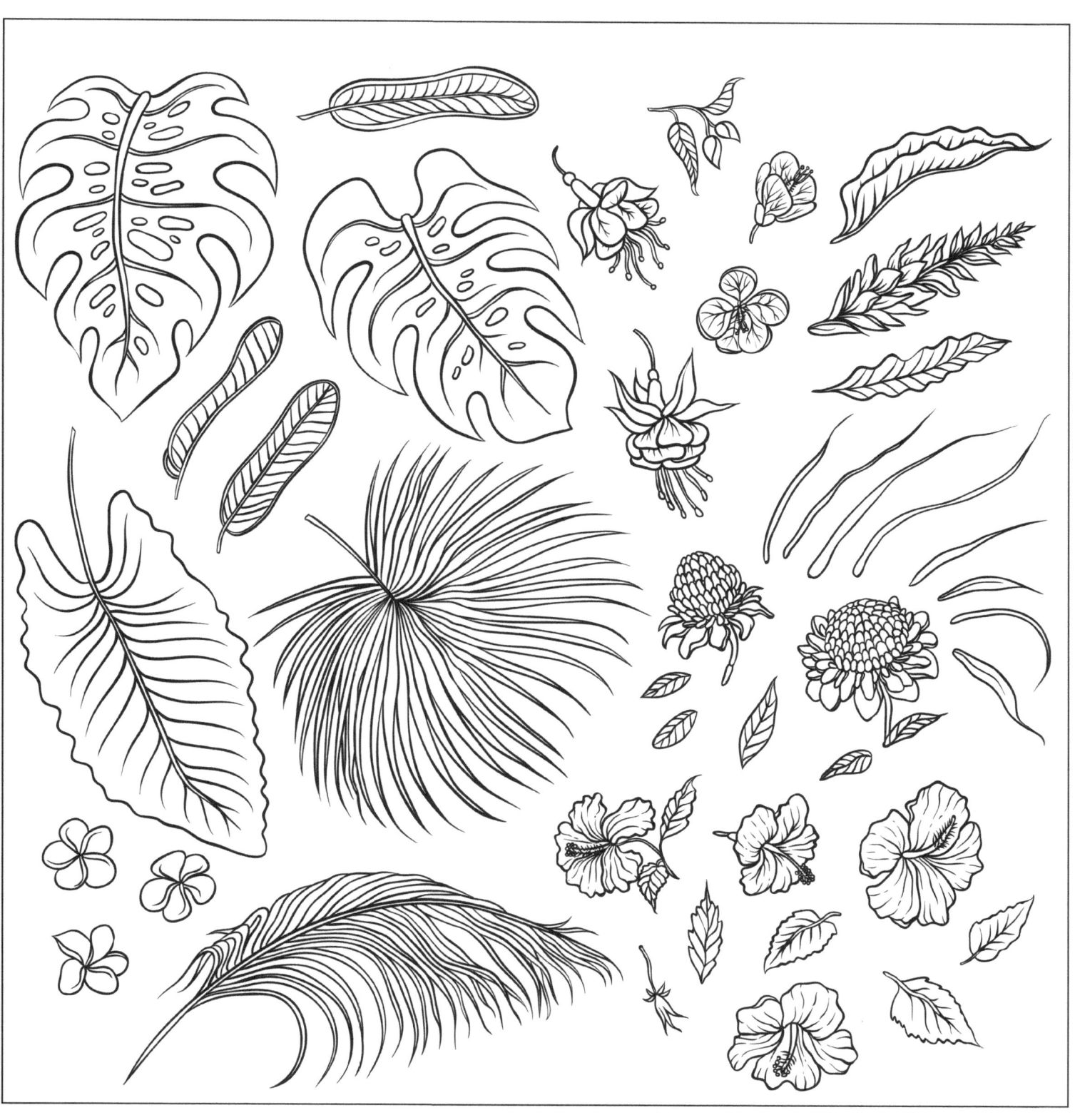

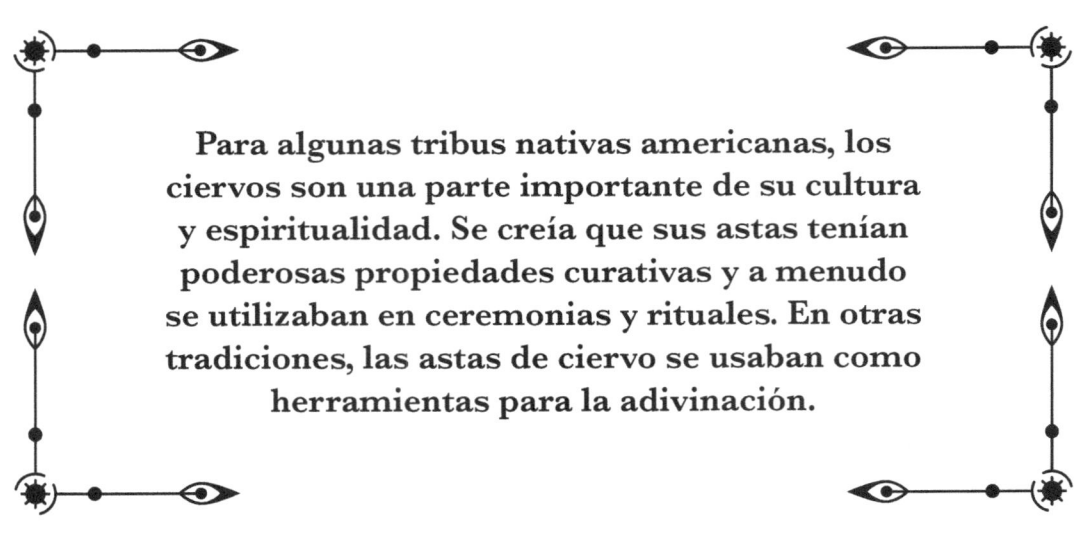

Para algunas tribus nativas americanas, los ciervos son una parte importante de su cultura y espiritualidad. Se creía que sus astas tenían poderosas propiedades curativas y a menudo se utilizaban en ceremonias y rituales. En otras tradiciones, las astas de ciervo se usaban como herramientas para la adivinación.

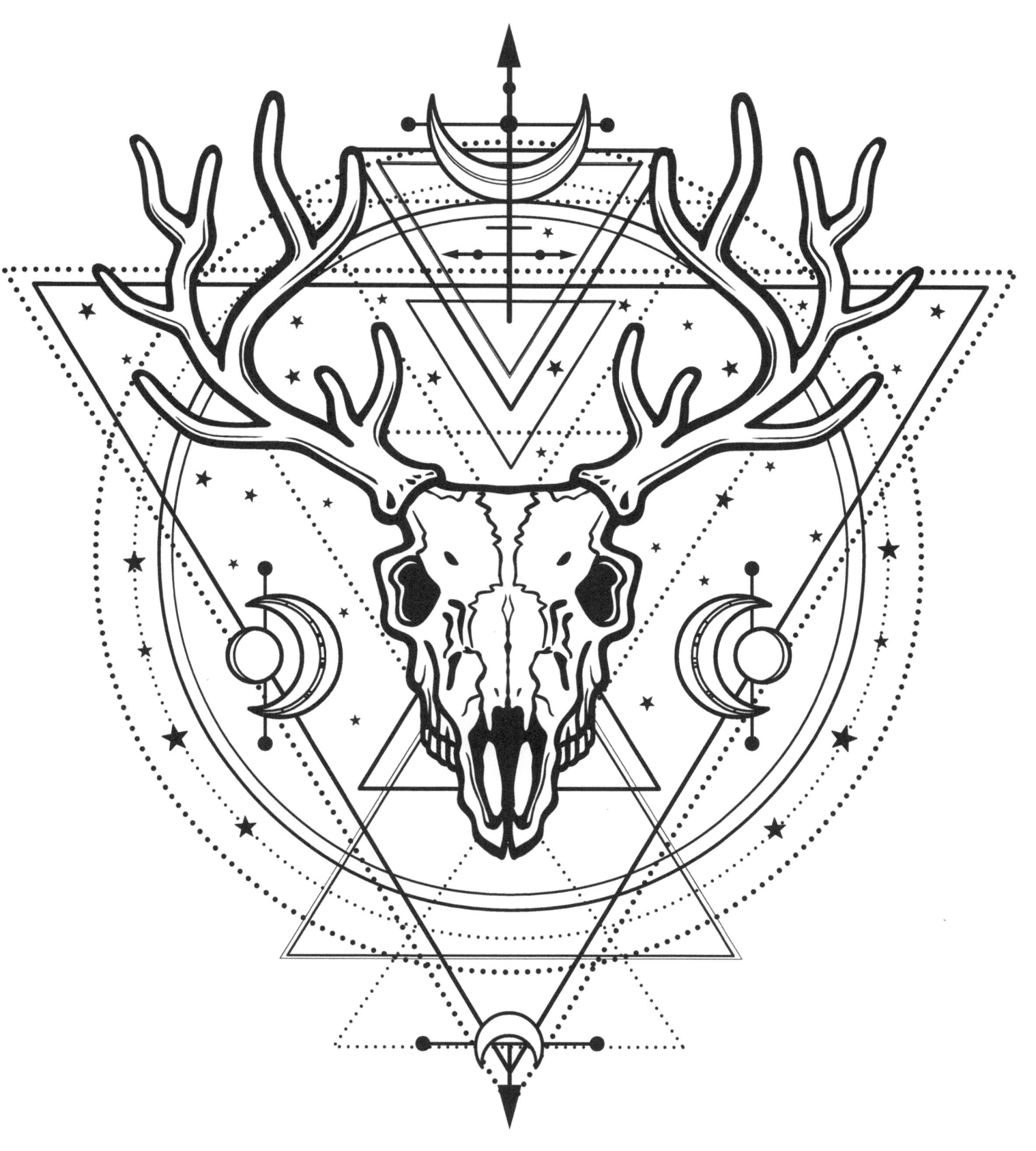

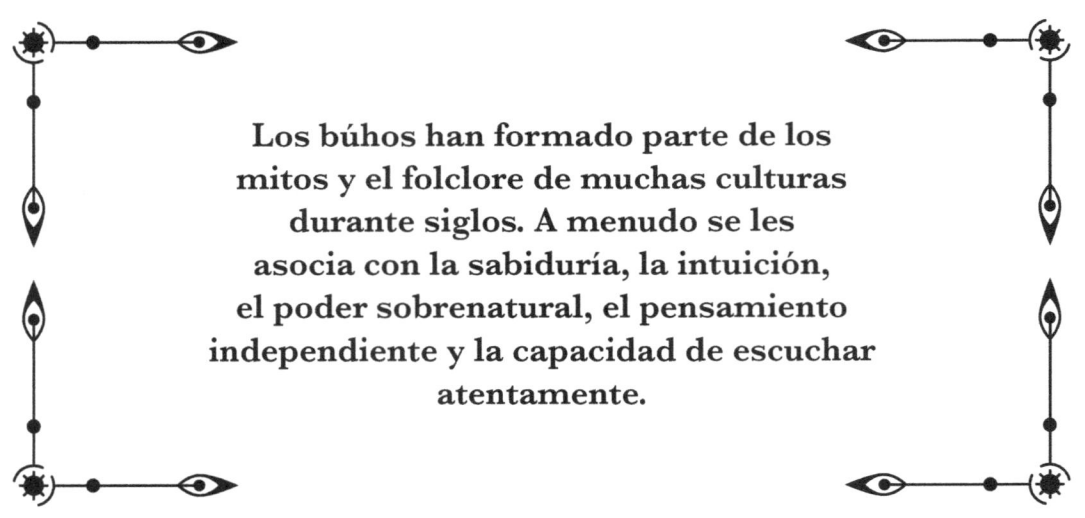

Los búhos han formado parte de los
mitos y el folclore de muchas culturas
durante siglos. A menudo se les
asocia con la sabiduría, la intuición,
el poder sobrenatural, el pensamiento
independiente y la capacidad de escuchar
atentamente.

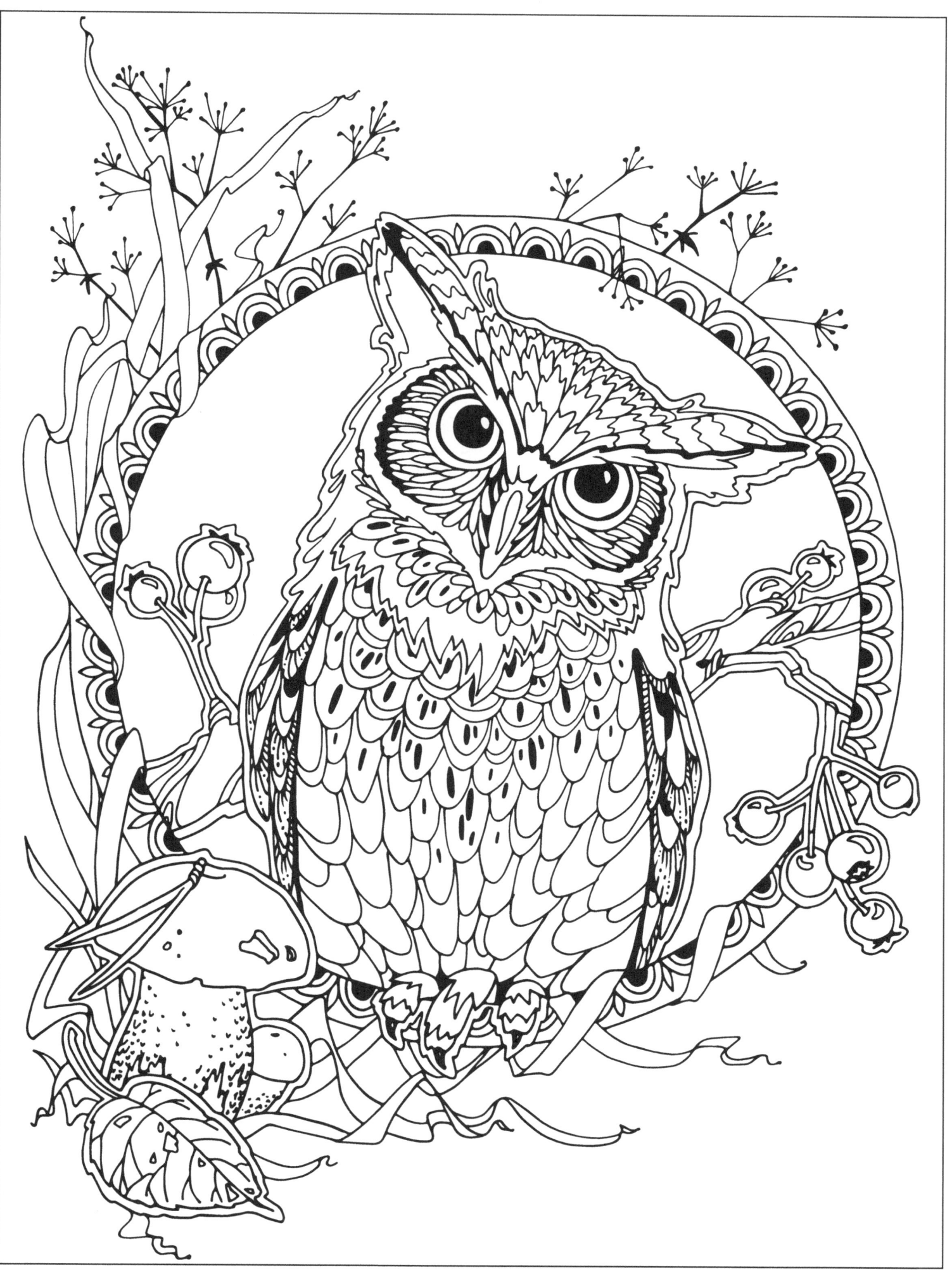

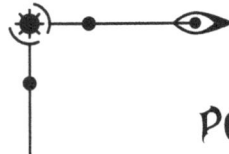

POCIÓN DE LIMÓN Y JENGIBRE PARA FORTALECER EL SISTEMA INMUNOLÓGICO

Vierte 2 litros de agua de manantial en una cacerola y añade jengibre rallado. Corta dos limones en rodajas y agrégalas a la cacerola. Calienta la mezcla y, cuando la poción esté caliente, añade dos cucharaditas de miel. Déjala hervir a fuego lento durante cinco minutos, luego cuélala, deja que se enfríe y viértela en una botella de vidrio limpia. Se conservará en el frigorífico de dos a tres días.

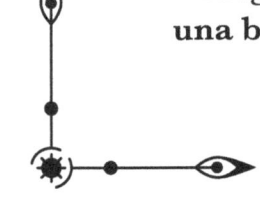

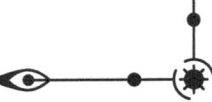

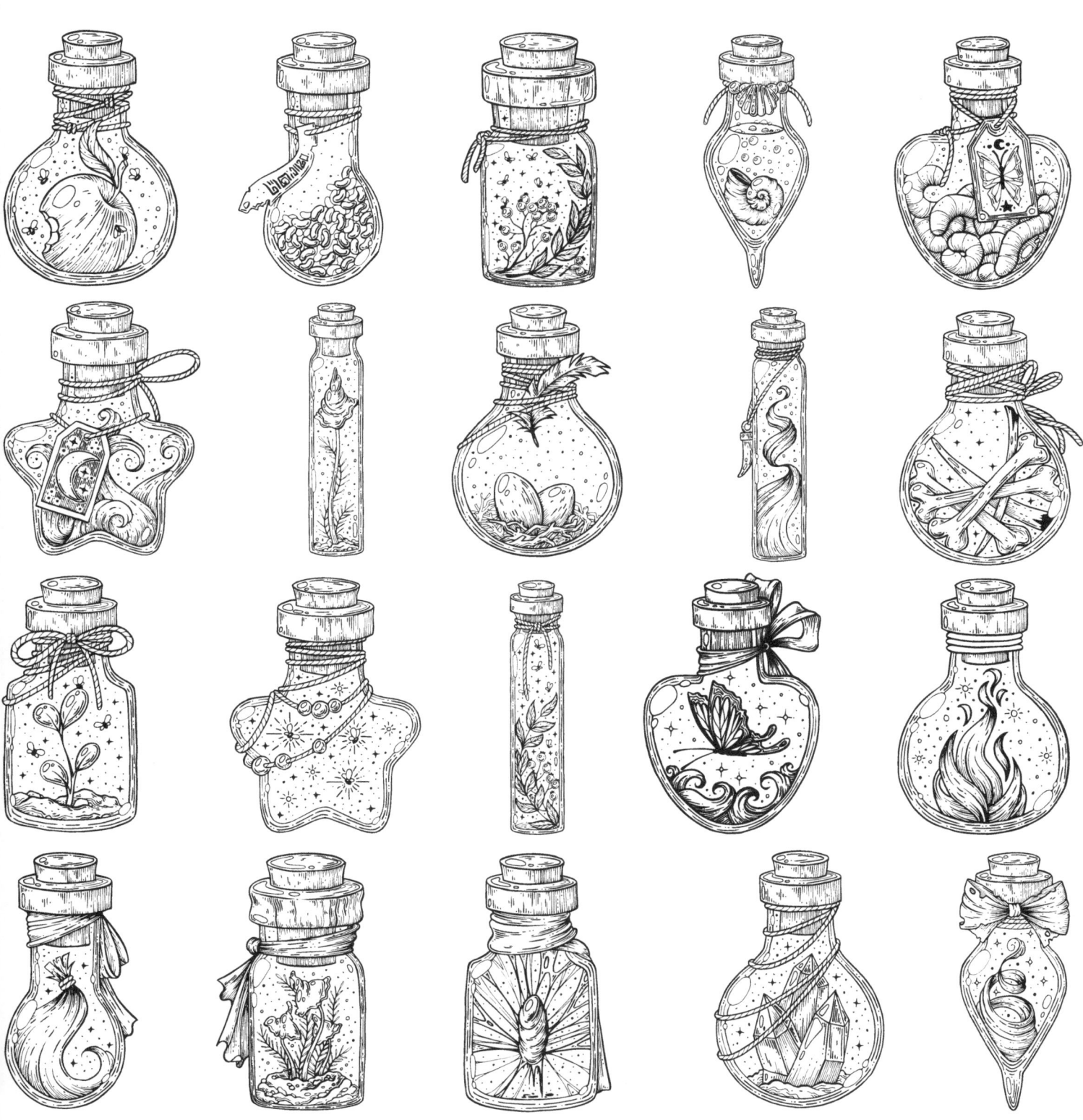

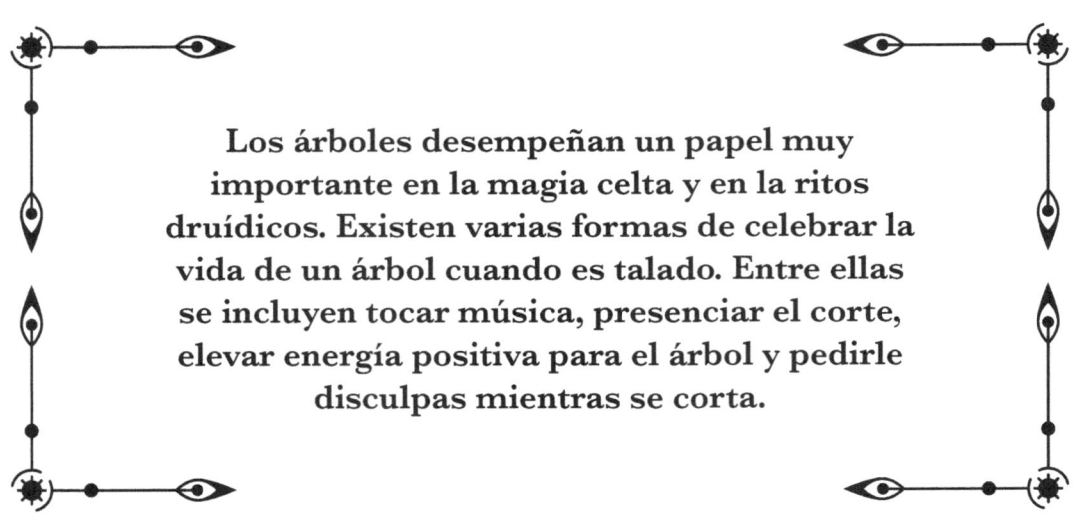

Los árboles desempeñan un papel muy importante en la magia celta y en la ritos druídicos. Existen varias formas de celebrar la vida de un árbol cuando es talado. Entre ellas se incluyen tocar música, presenciar el corte, elevar energía positiva para el árbol y pedirle disculpas mientras se corta.

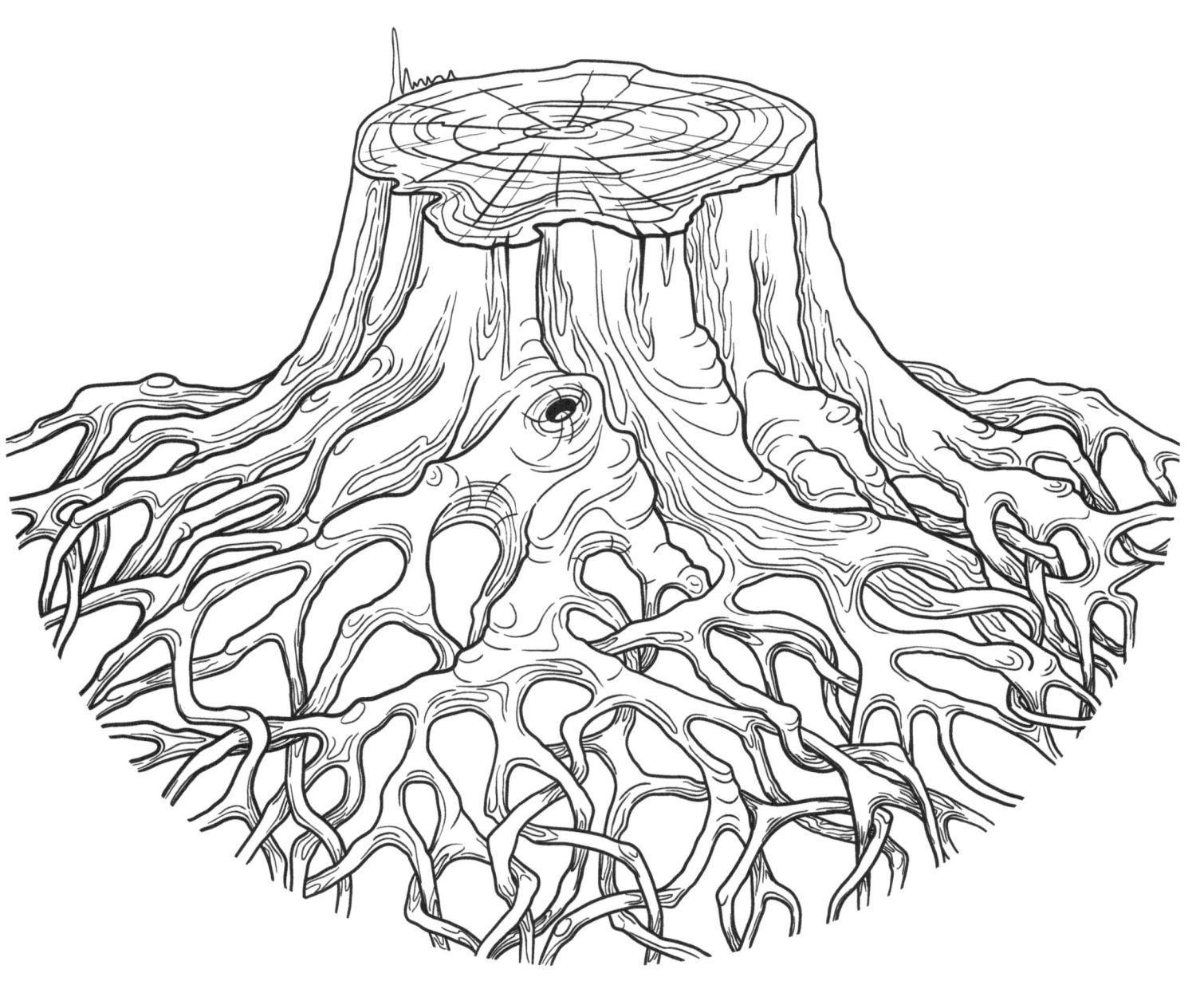

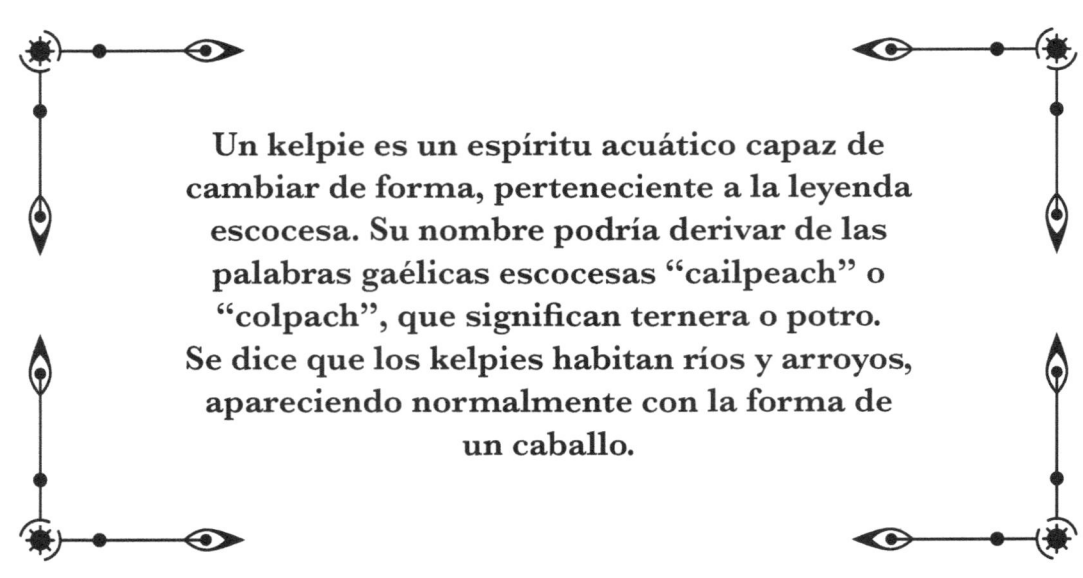

Un kelpie es un espíritu acuático capaz de cambiar de forma, perteneciente a la leyenda escocesa. Su nombre podría derivar de las palabras gaélicas escocesas "cailpeach" o "colpach", que significan ternera o potro. Se dice que los kelpies habitan ríos y arroyos, apareciendo normalmente con la forma de un caballo.

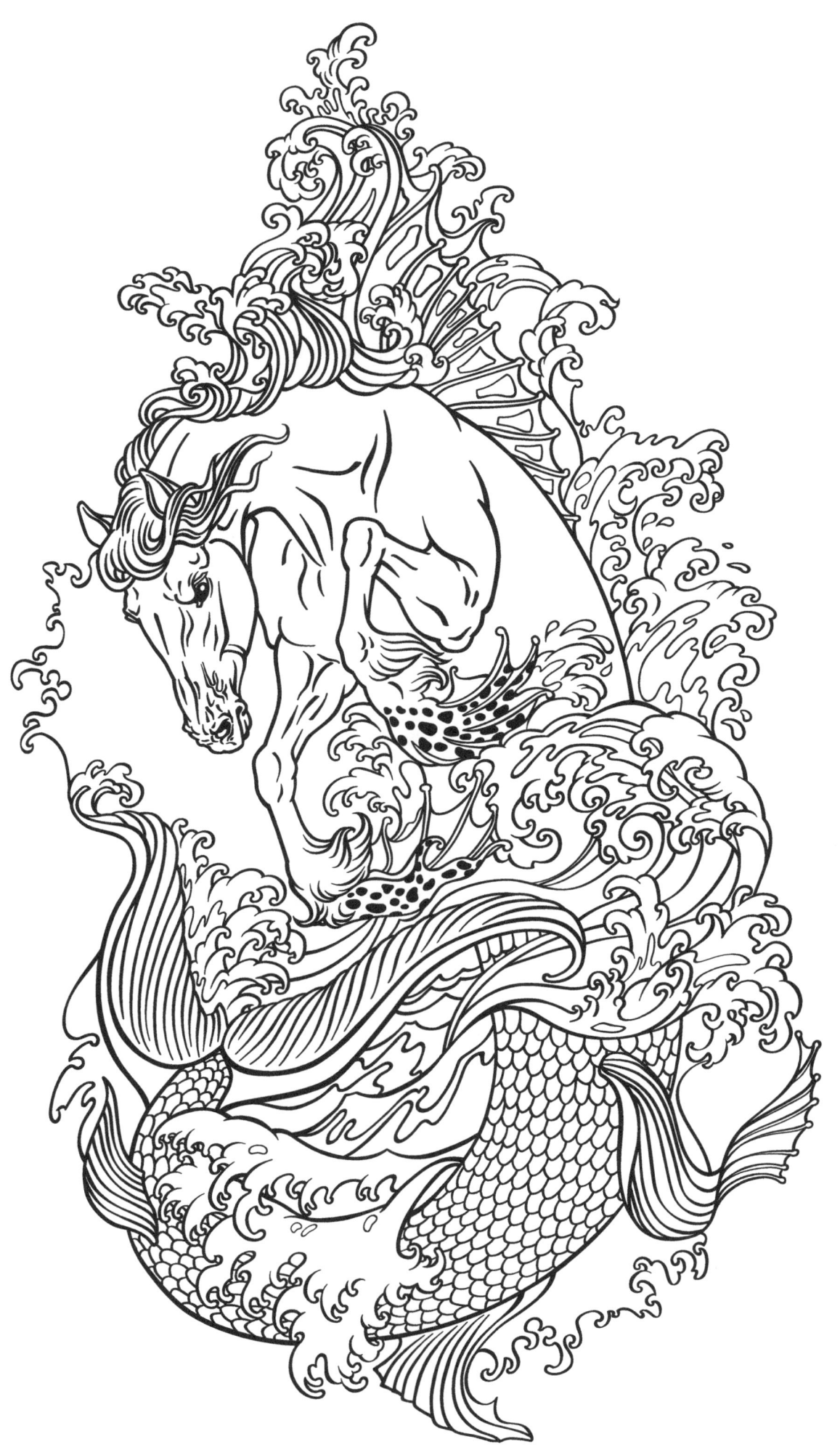

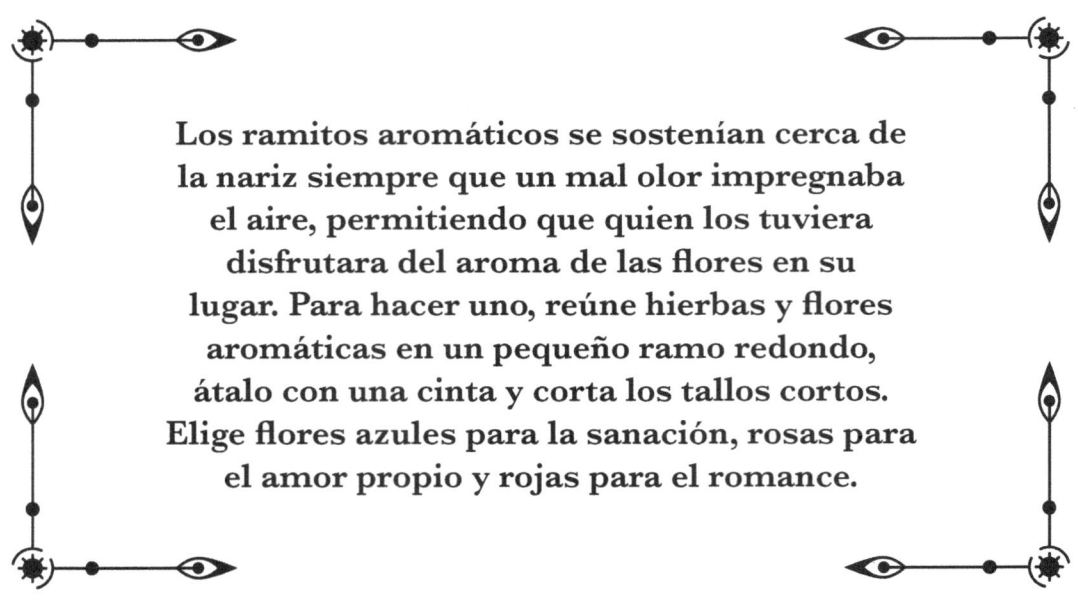

Los ramitos aromáticos se sostenían cerca de
la nariz siempre que un mal olor impregnaba
el aire, permitiendo que quien los tuviera
disfrutara del aroma de las flores en su
lugar. Para hacer uno, reúne hierbas y flores
aromáticas en un pequeño ramo redondo,
átalo con una cinta y corta los tallos cortos.
Elige flores azules para la sanación, rosas para
el amor propio y rojas para el romance.

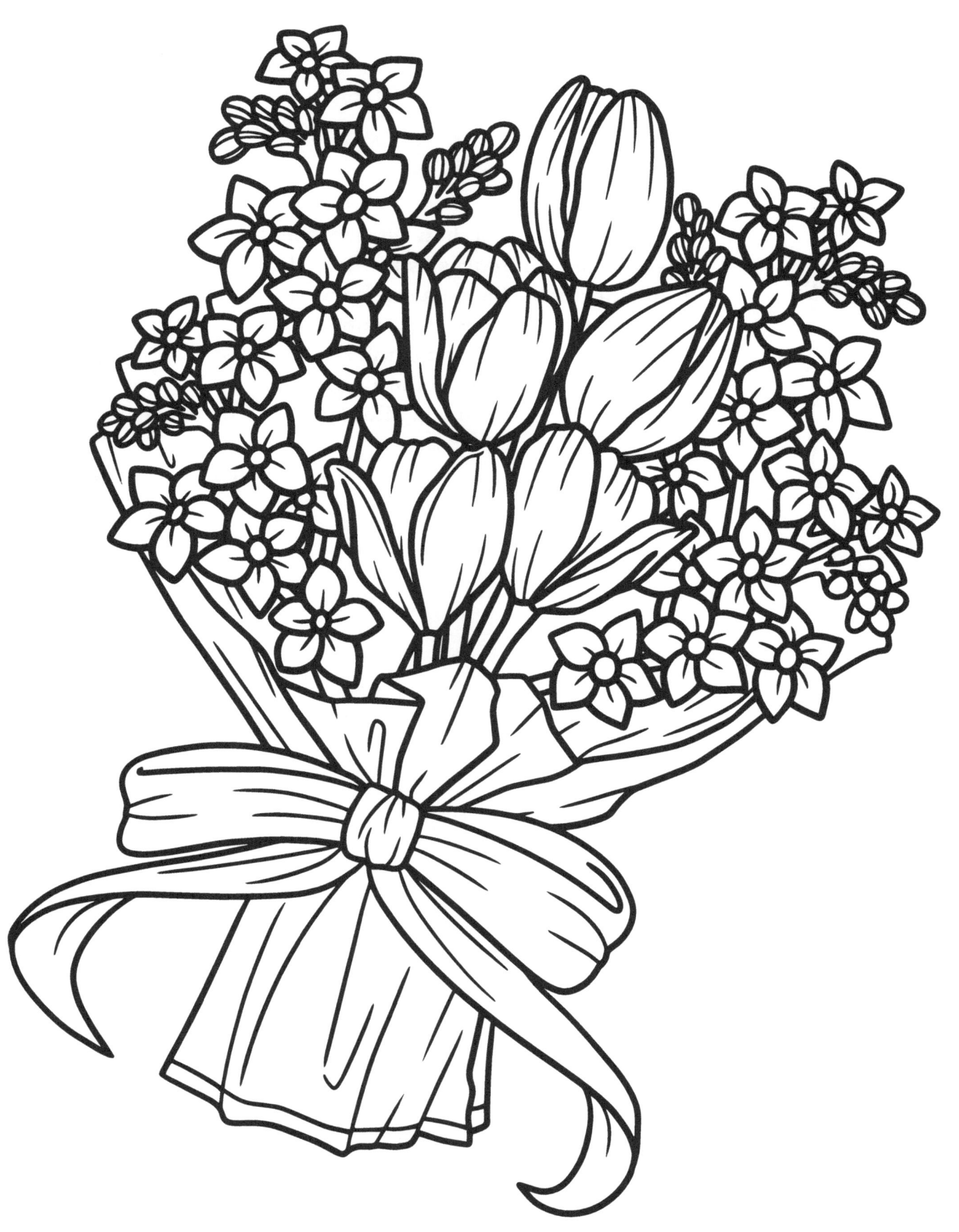

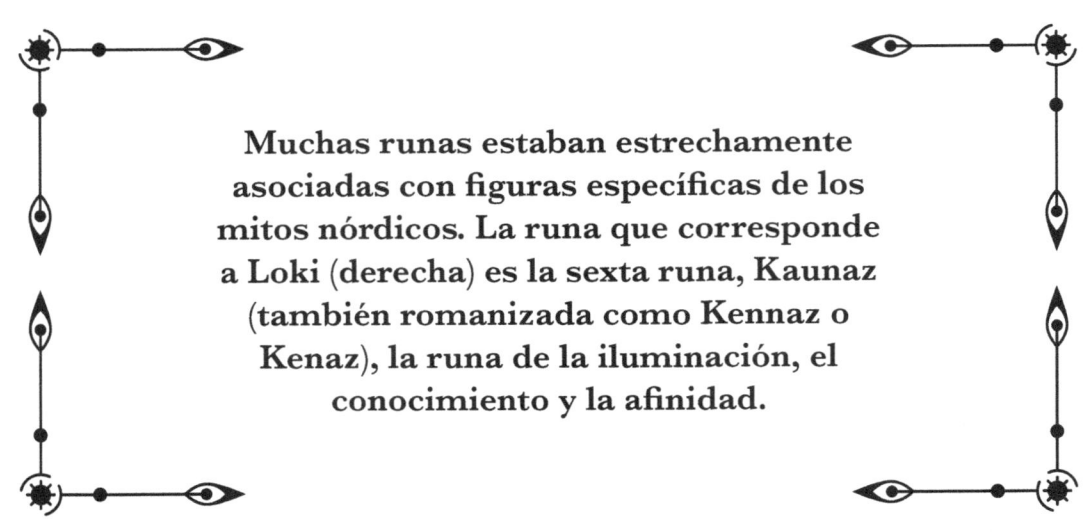

Muchas runas estaban estrechamente asociadas con figuras específicas de los mitos nórdicos. La runa que corresponde a Loki (derecha) es la sexta runa, Kaunaz (también romanizada como Kennaz o Kenaz), la runa de la iluminación, el conocimiento y la afinidad.

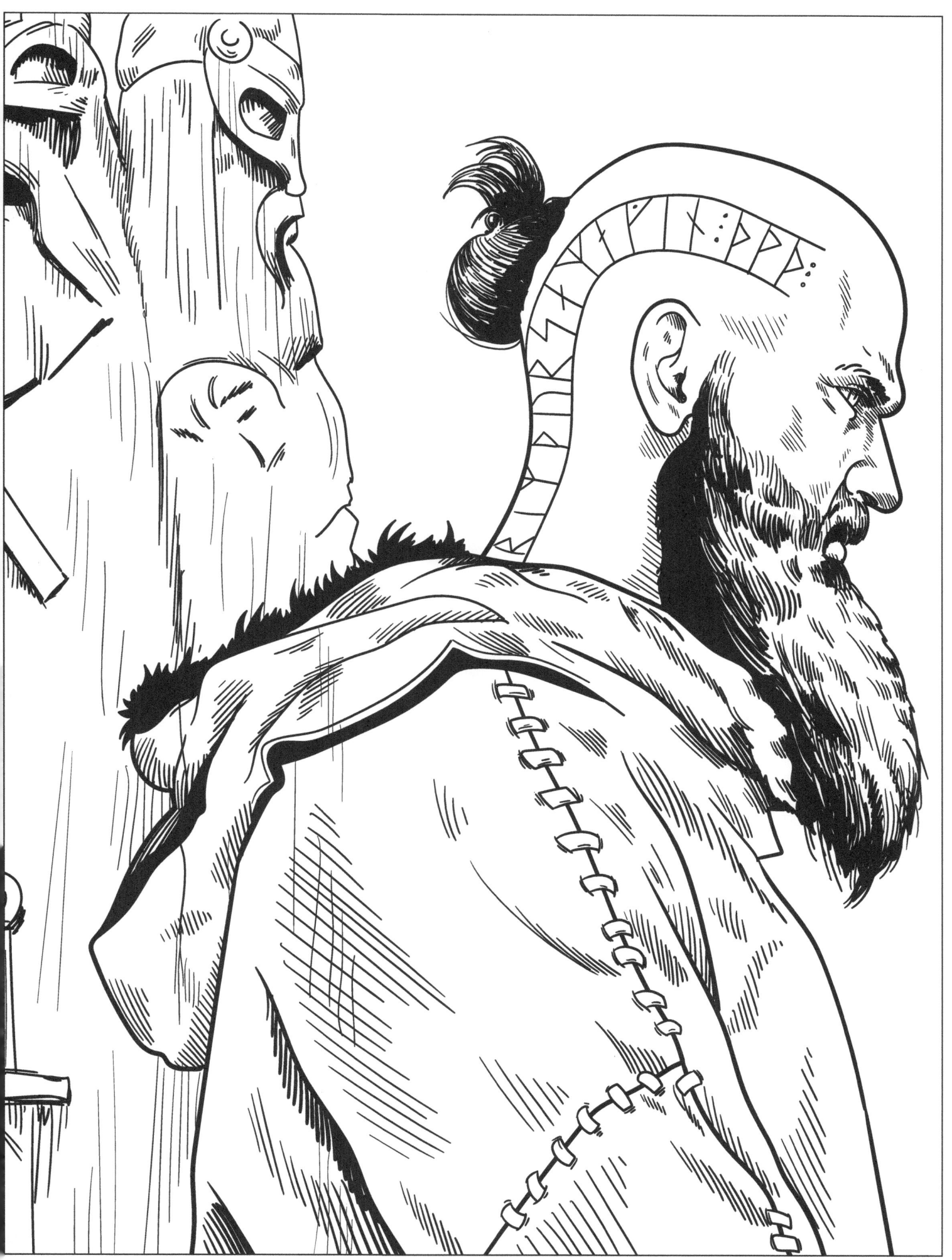

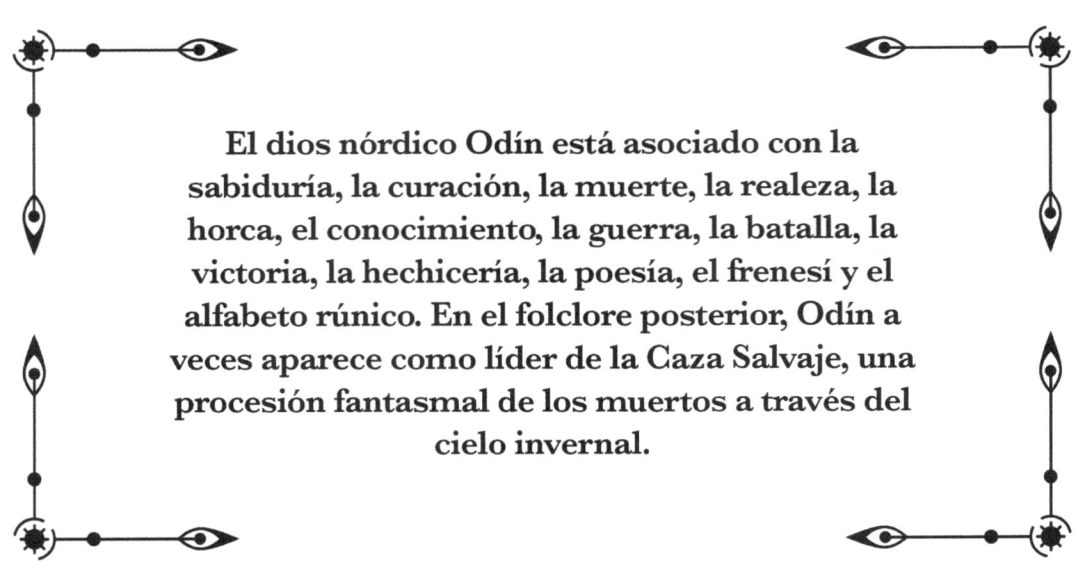

El dios nórdico Odín está asociado con la sabiduría, la curación, la muerte, la realeza, la horca, el conocimiento, la guerra, la batalla, la victoria, la hechicería, la poesía, el frenesí y el alfabeto rúnico. En el folclore posterior, Odín a veces aparece como líder de la Caza Salvaje, una procesión fantasmal de los muertos a través del cielo invernal.

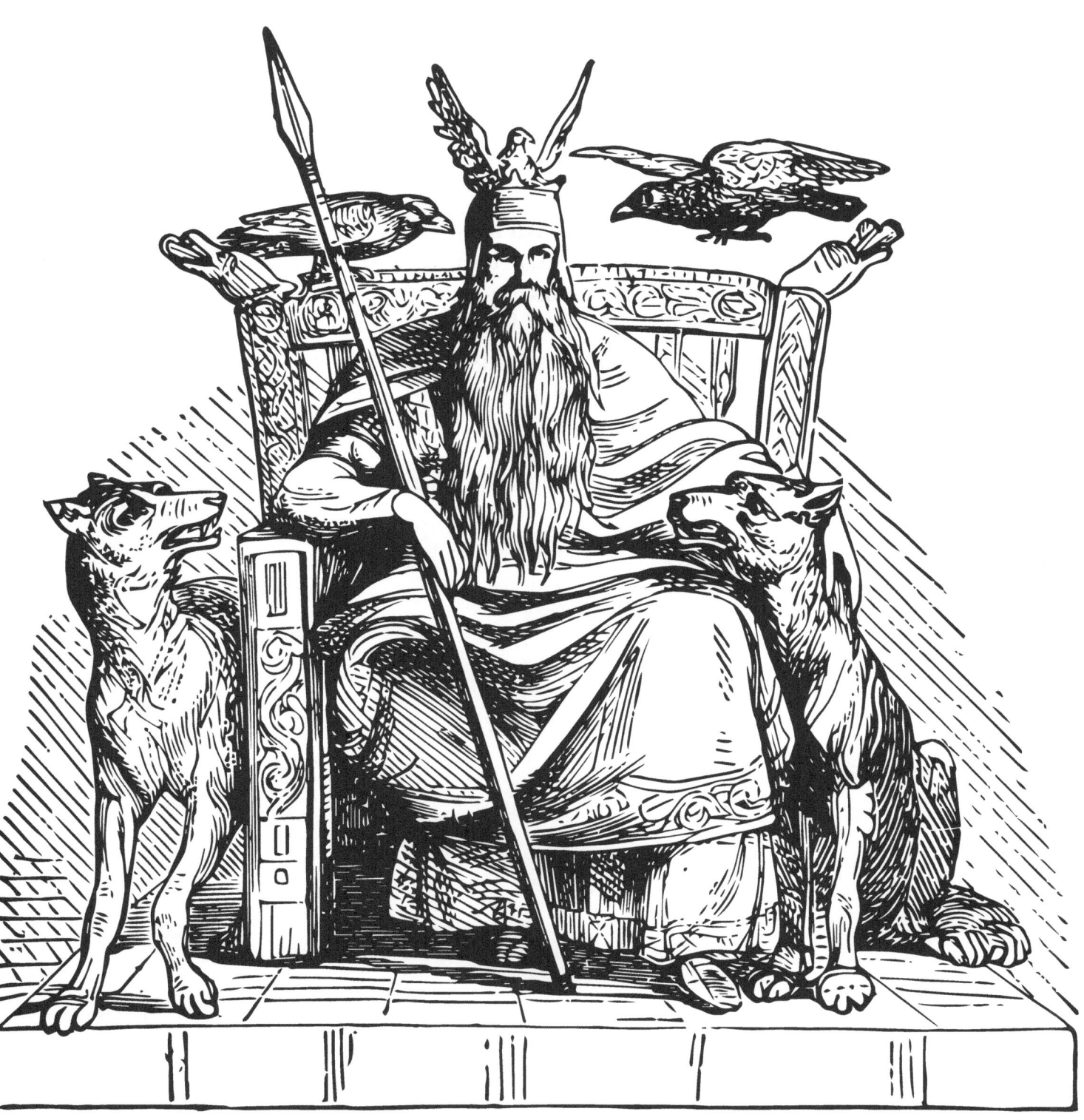

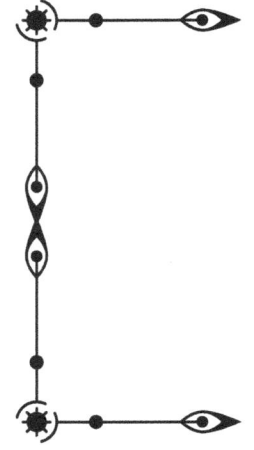

El carro de la diosa nórdica de la
fertilidad, Freya, era tirado por
dos gatos machos azules o grises,
un regalo de Thor. A menudo se la
representa acompañada
de sus gatos.

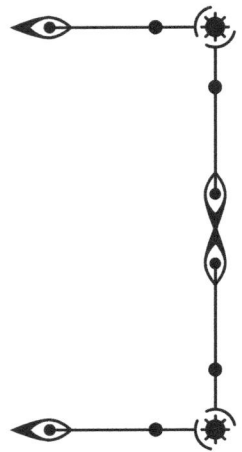

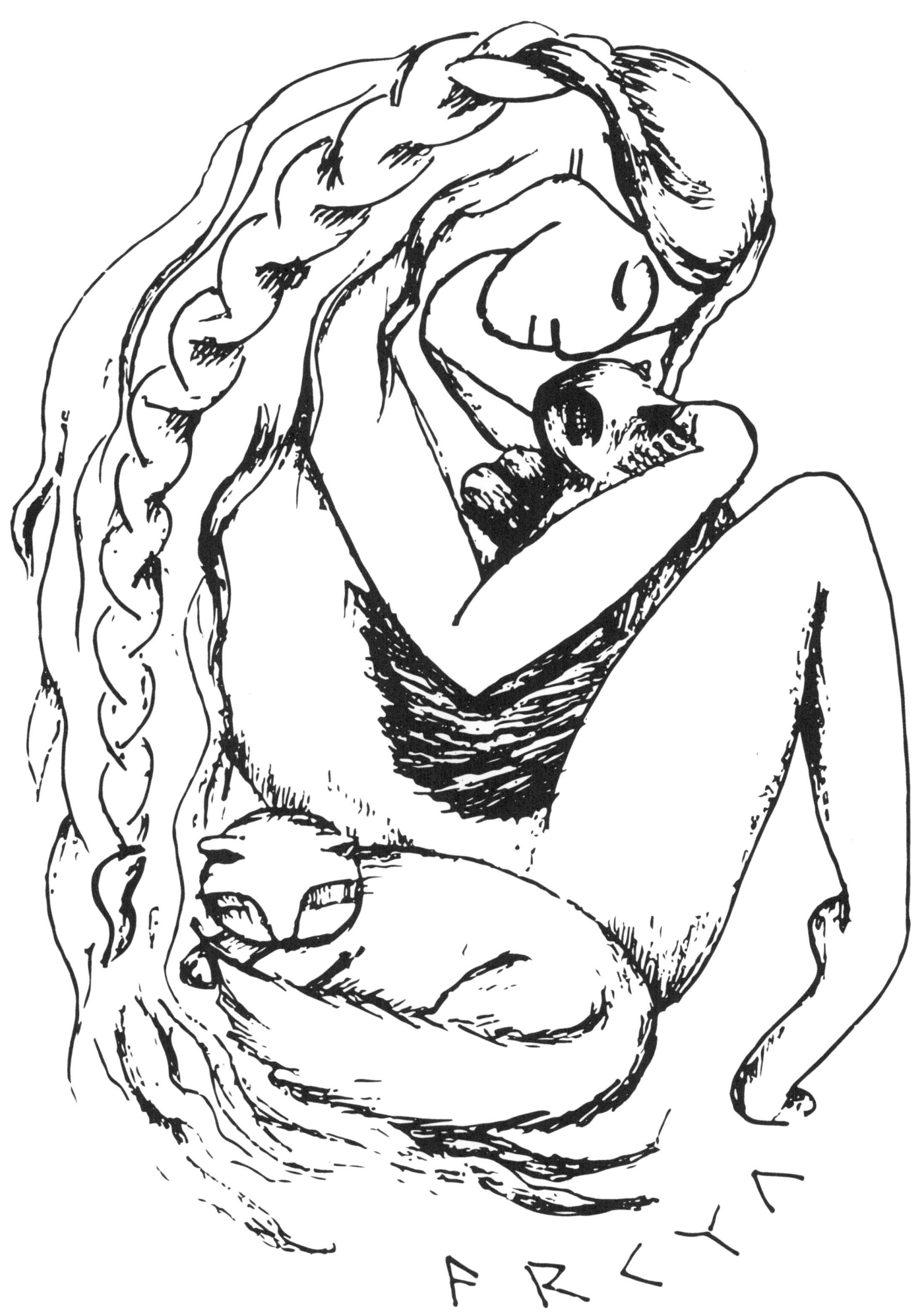

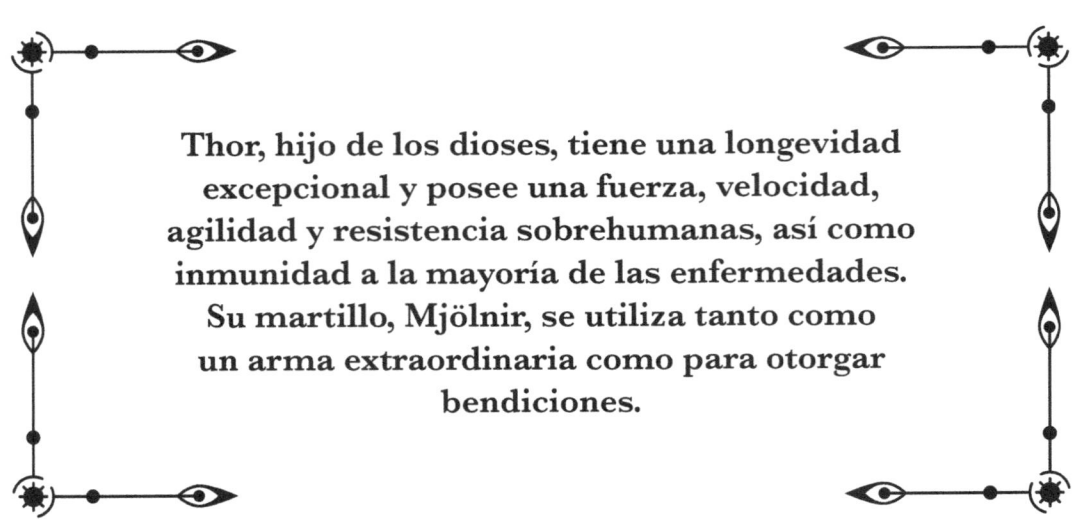

Thor, hijo de los dioses, tiene una longevidad
excepcional y posee una fuerza, velocidad,
agilidad y resistencia sobrehumanas, así como
inmunidad a la mayoría de las enfermedades.
Su martillo, Mjölnir, se utiliza tanto como
un arma extraordinaria como para otorgar
bendiciones.

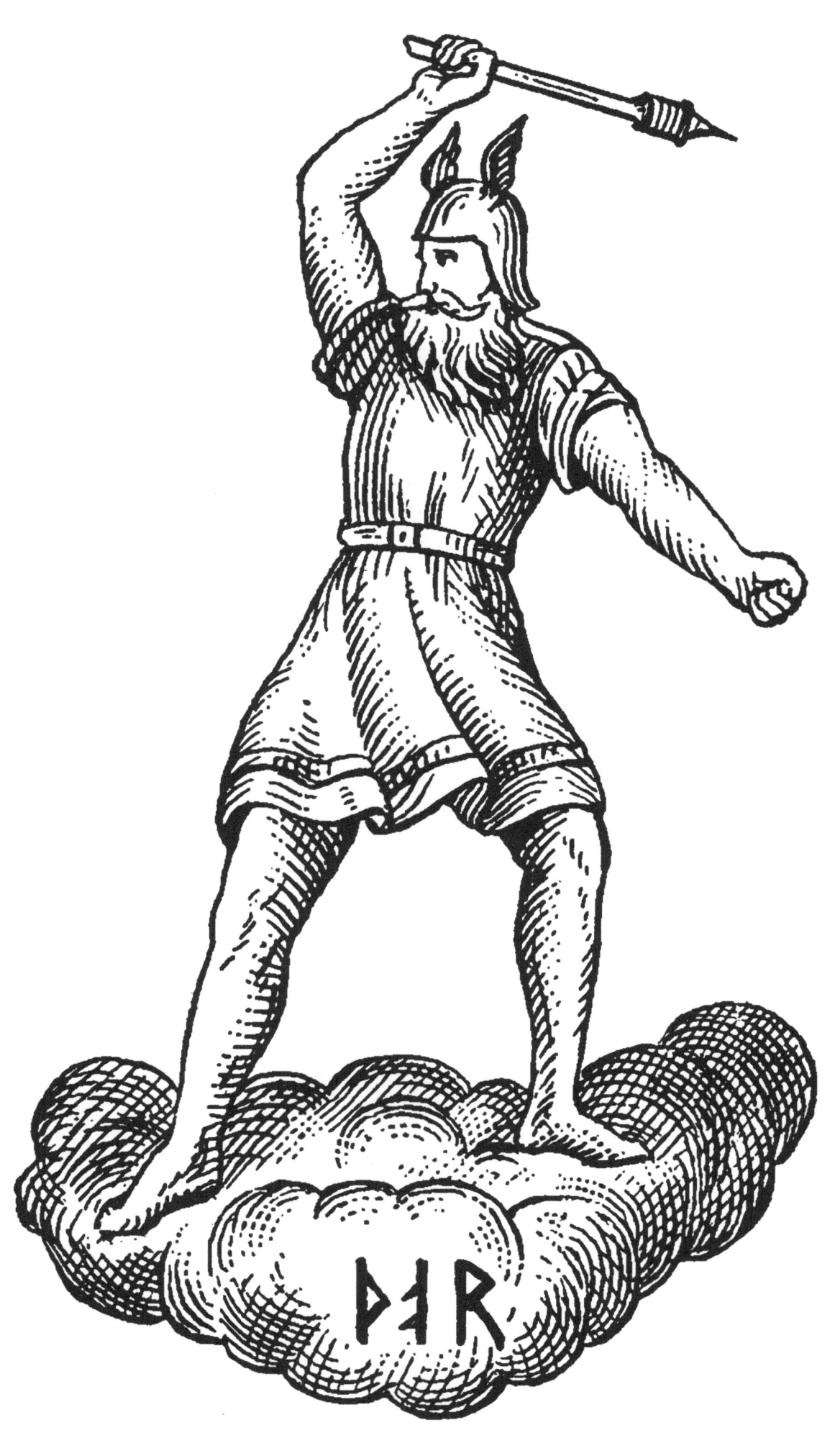

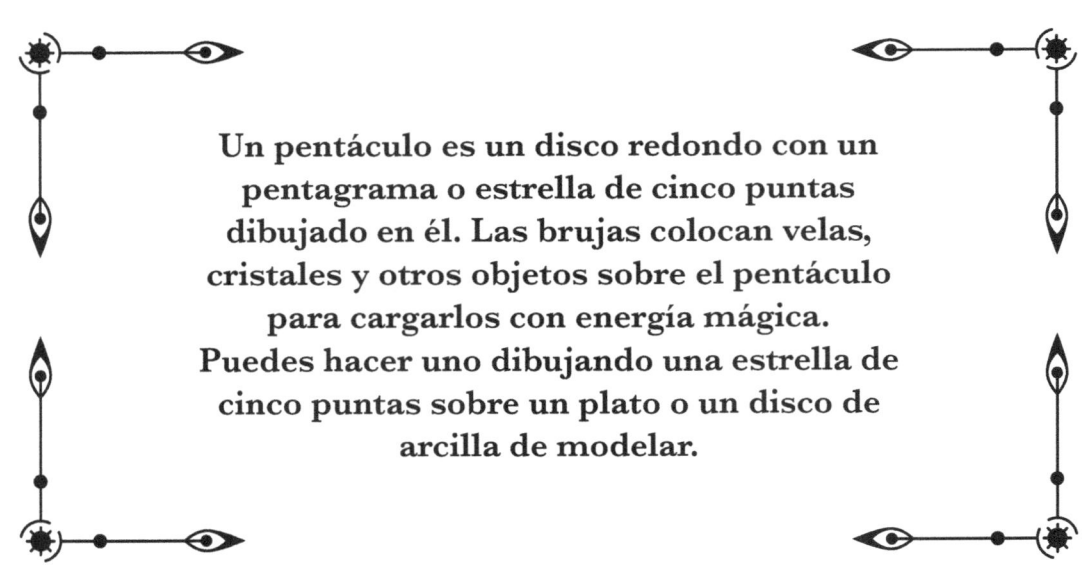

Un pentáculo es un disco redondo con un
pentagrama o estrella de cinco puntas
dibujado en él. Las brujas colocan velas,
cristales y otros objetos sobre el pentáculo
para cargarlos con energía mágica.
Puedes hacer uno dibujando una estrella de
cinco puntas sobre un plato o un disco de
arcilla de modelar.

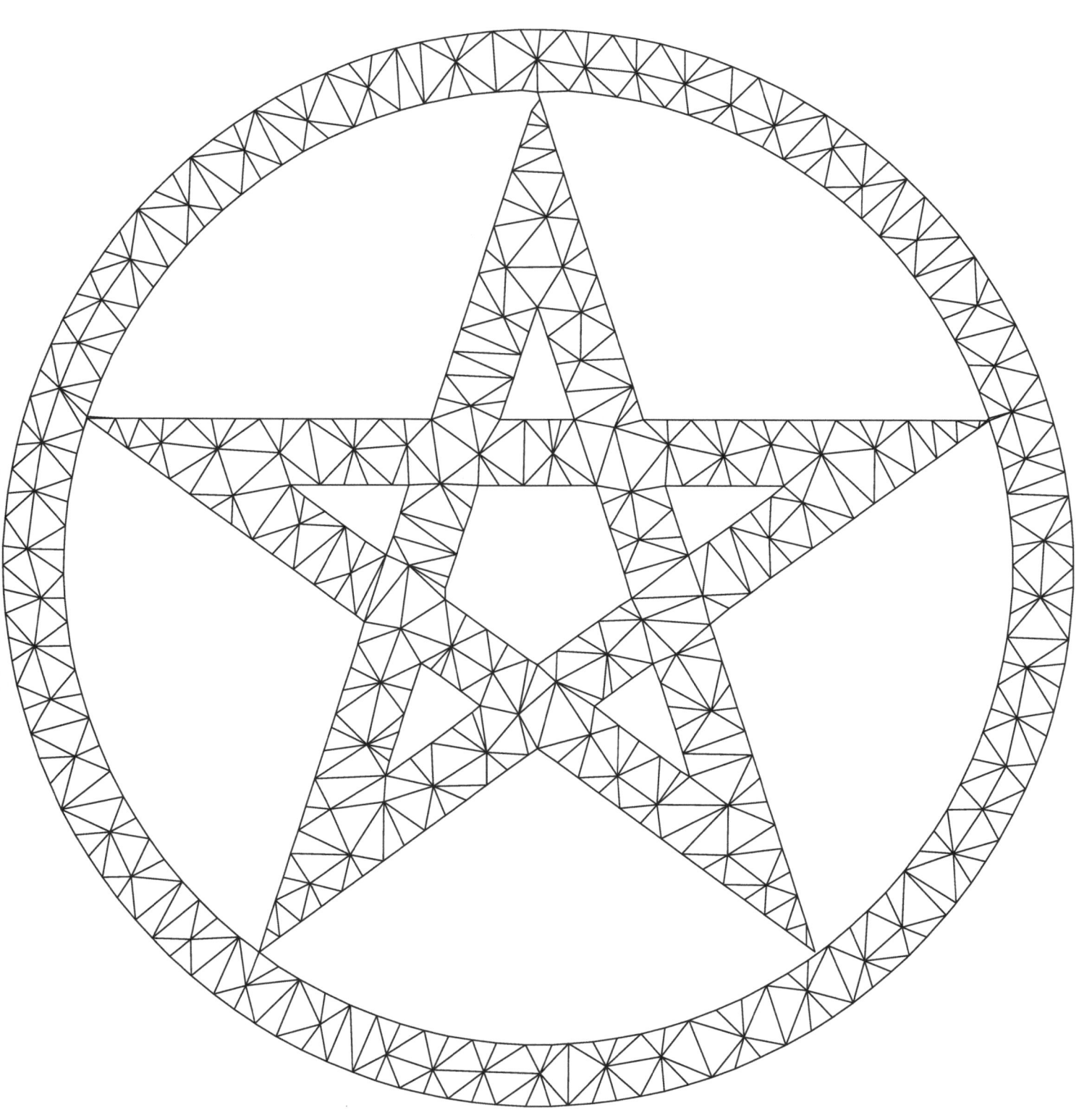

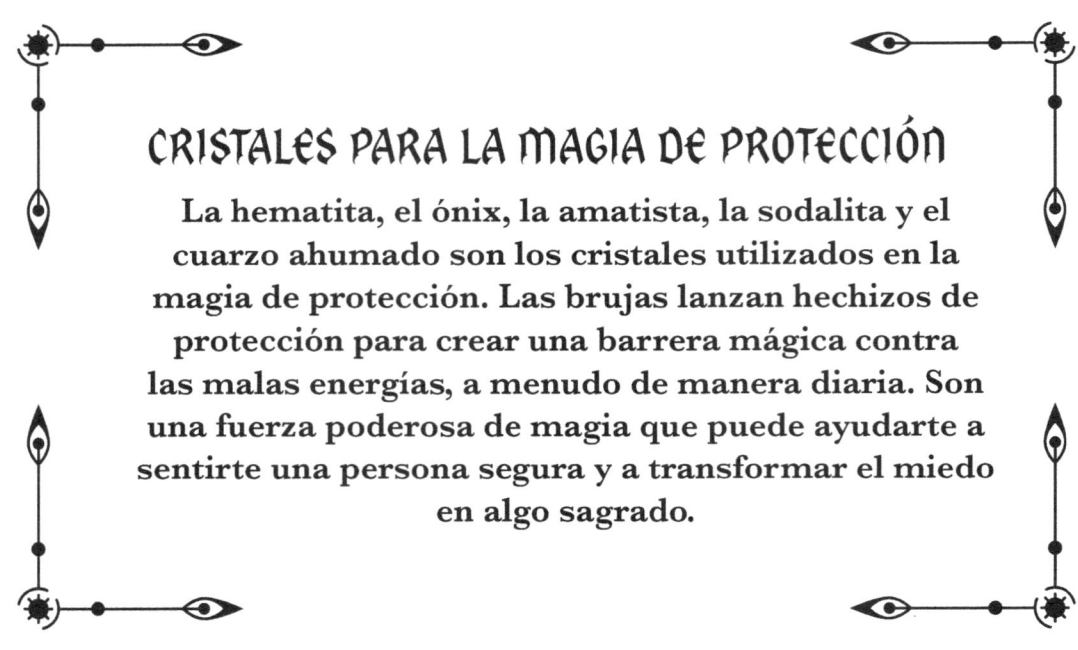

CRISTALES PARA LA MAGIA DE PROTECCIÓN

La hematita, el ónix, la amatista, la sodalita y el cuarzo ahumado son los cristales utilizados en la magia de protección. Las brujas lanzan hechizos de protección para crear una barrera mágica contra las malas energías, a menudo de manera diaria. Son una fuerza poderosa de magia que puede ayudarte a sentirte una persona segura y a transformar el miedo en algo sagrado.

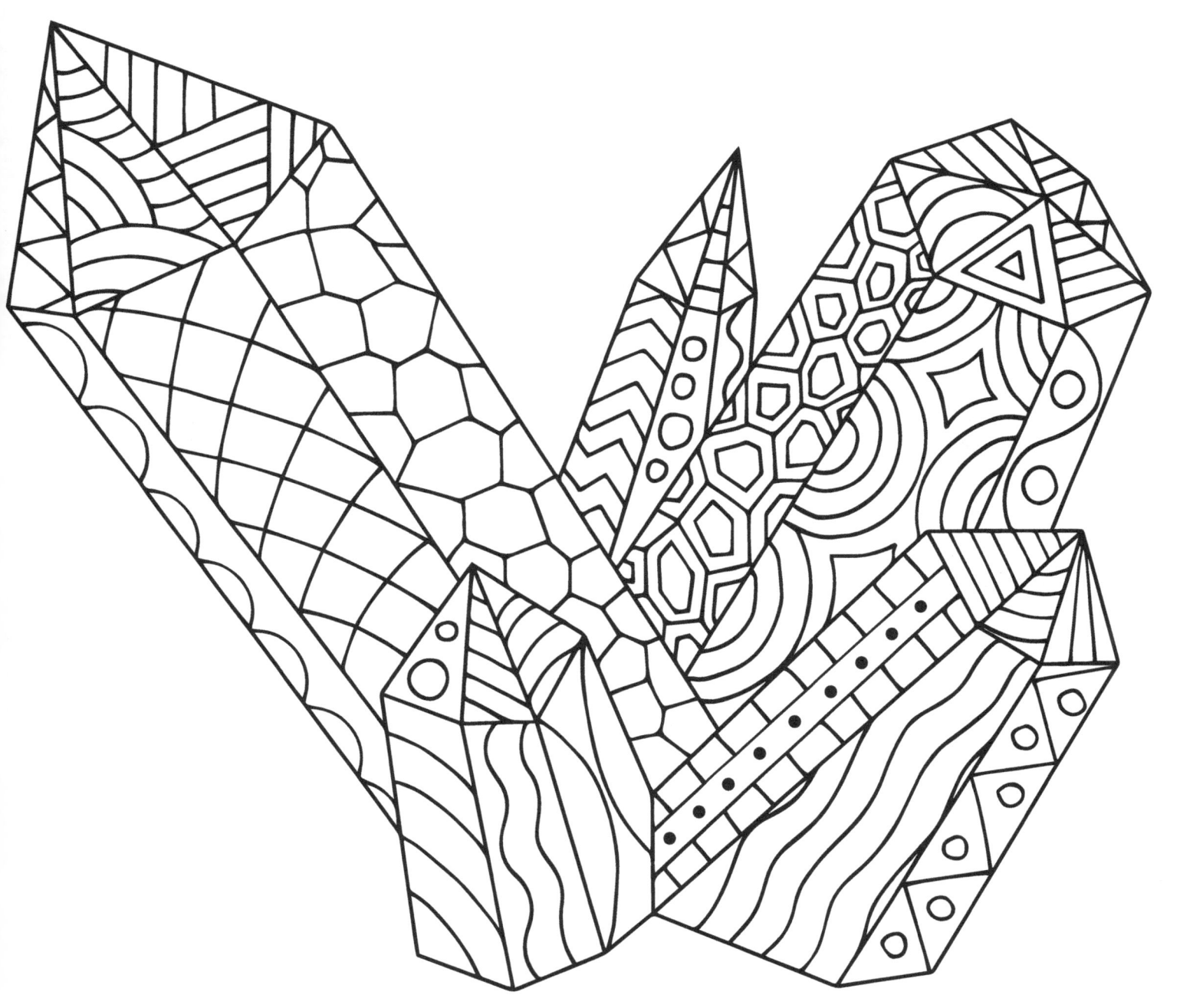

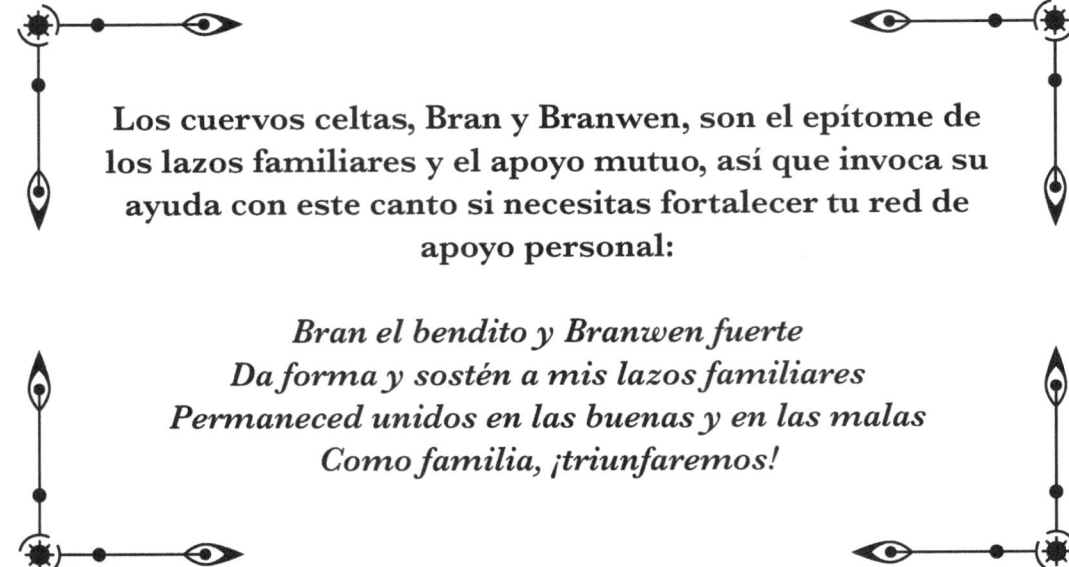

Los cuervos celtas, Bran y Branwen, son el epítome de los lazos familiares y el apoyo mutuo, así que invoca su ayuda con este canto si necesitas fortalecer tu red de apoyo personal:

Bran el bendito y Branwen fuerte
Da forma y sostén a mis lazos familiares
Permaneced unidos en las buenas y en las malas
Como familia, ¡triunfaremos!

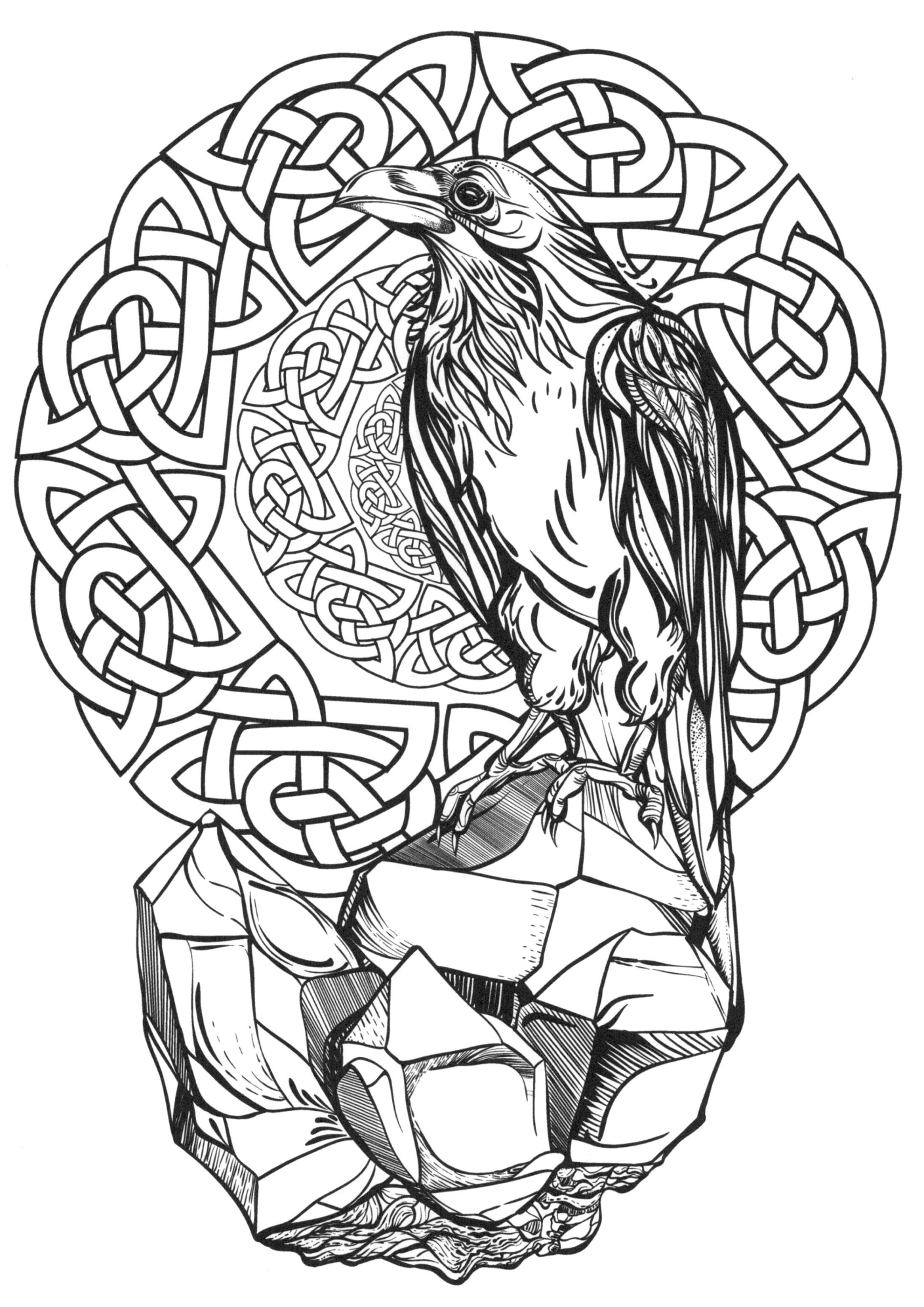

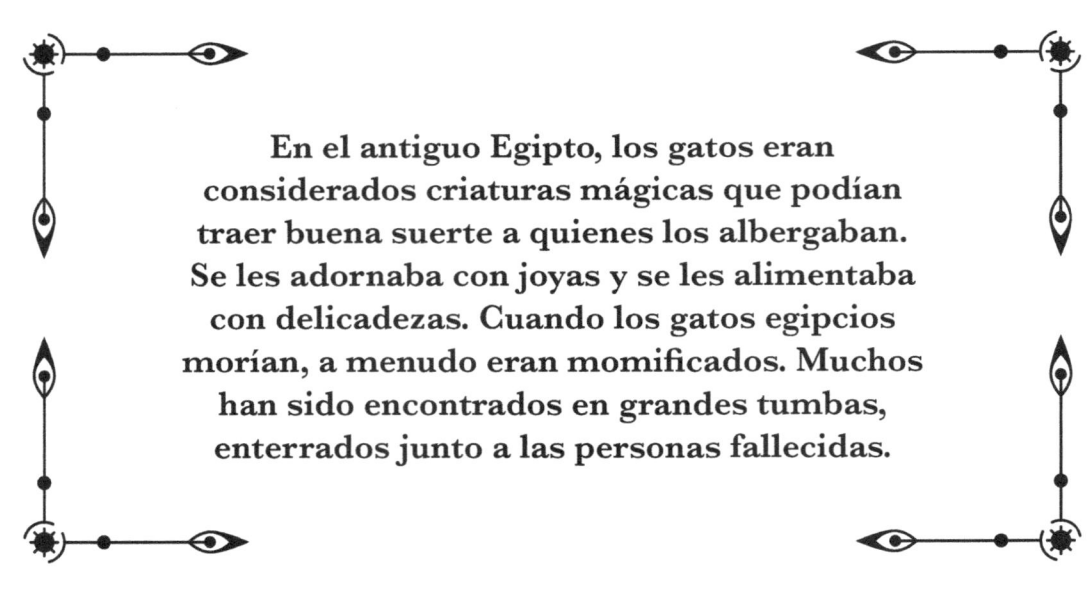

En el antiguo Egipto, los gatos eran
considerados criaturas mágicas que podían
traer buena suerte a quienes los albergaban.
Se les adornaba con joyas y se les alimentaba
con delicadezas. Cuando los gatos egipcios
morían, a menudo eran momificados. Muchos
han sido encontrados en grandes tumbas,
enterrados junto a las personas fallecidas.

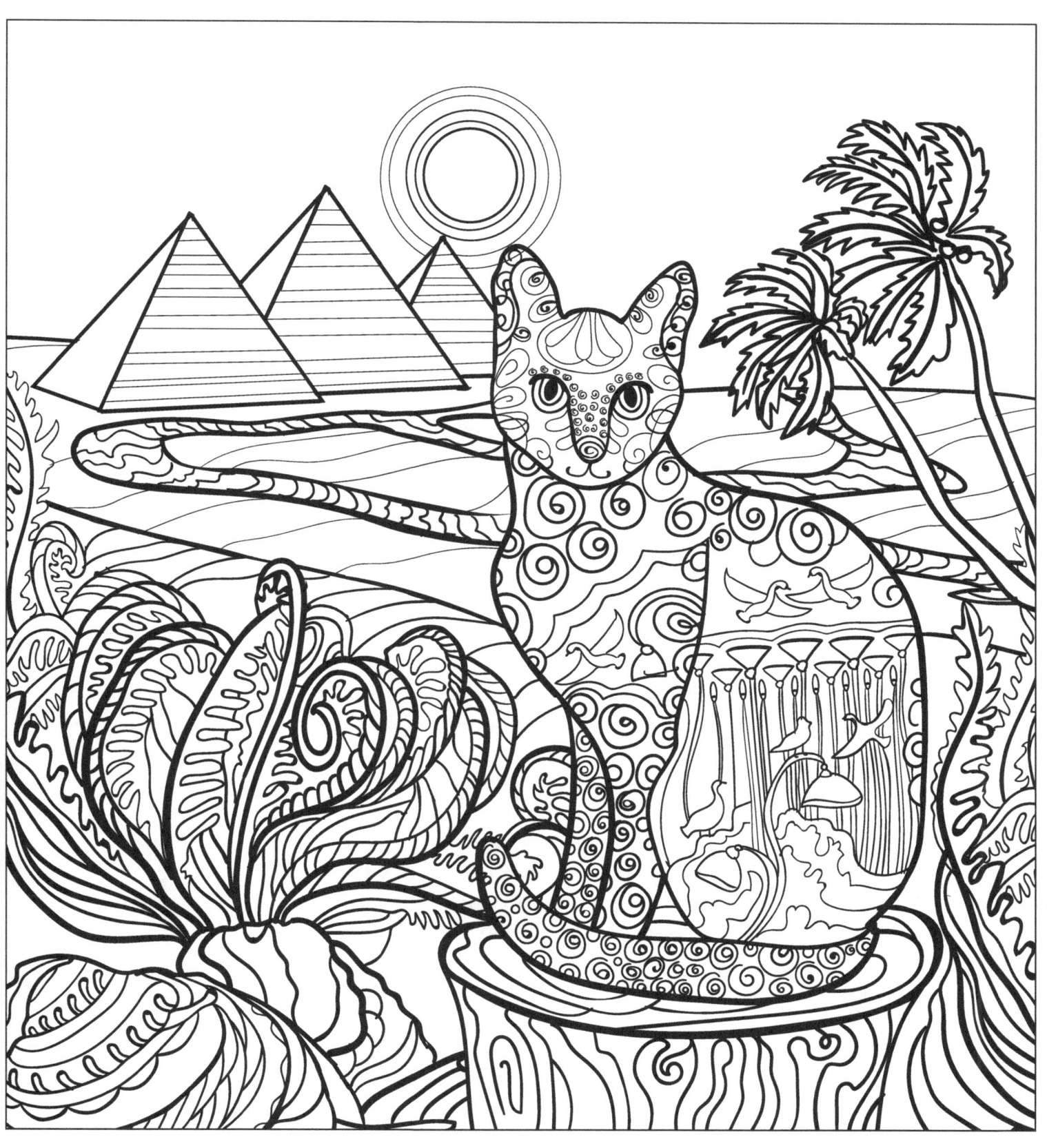

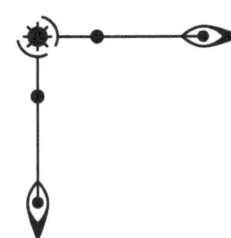
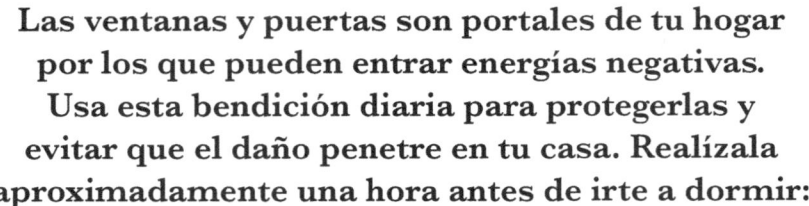

BENDICIÓN PARA PROTEGER PUERTAS Y VENTANAS

Las ventanas y puertas son portales de tu hogar por los que pueden entrar energías negativas. Usa esta bendición diaria para protegerlas y evitar que el daño penetre en tu casa. Realízala aproximadamente una hora antes de irte a dormir:

1. Enciende un incienso.
2. Mirando hacia la puerta principal de tu hogar, usa el humo para dibujar un pentagrama sobre la puerta mientras dices:

Protege esta casa, que esté a salvo
Que nadie cruce este límite
Protege esta casa, lugar acogedor
Para quienes estén invitados a este espacio

3. Recorre la casa en el sentido de las agujas del reloj, repitiendo el mismo ritual en cada puerta y ventana exterior.
4. Coloca el incienso en un soporte y deja que se consuma por completo.
5. Repite el proceso diariamente.

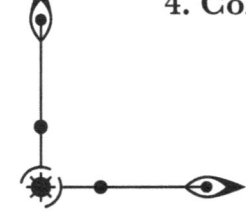
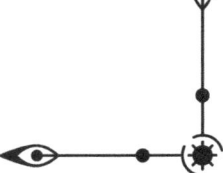

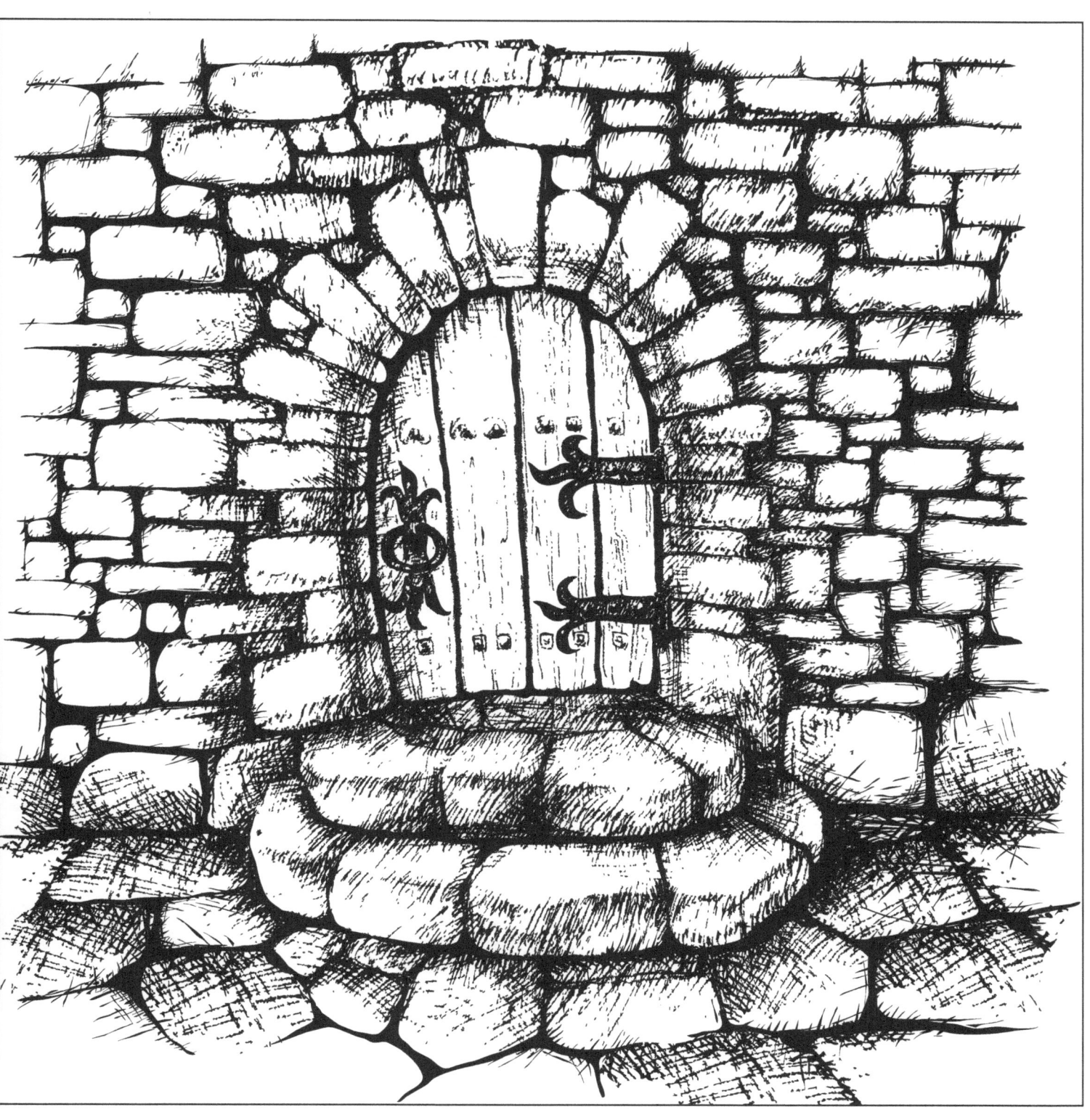

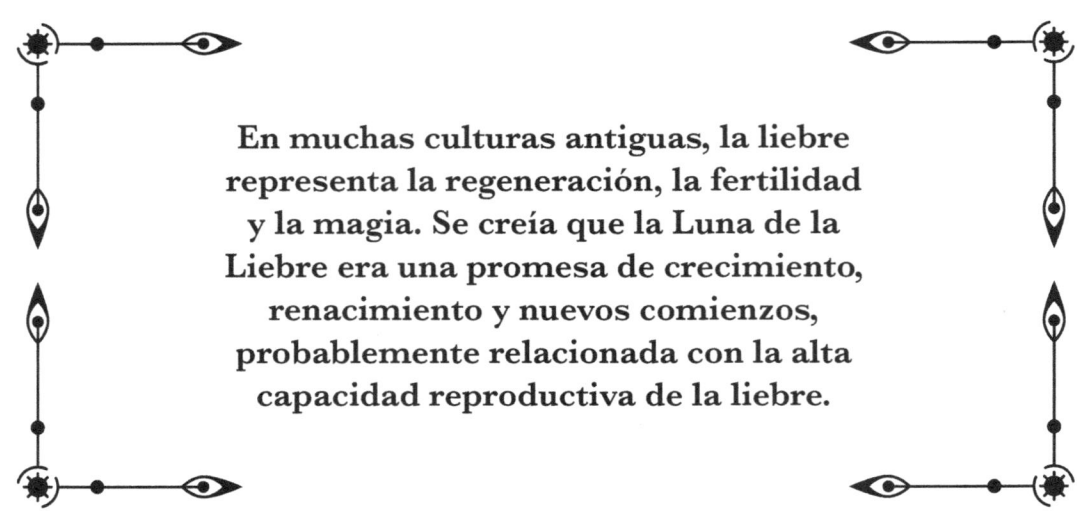

En muchas culturas antiguas, la liebre
representa la regeneración, la fertilidad
y la magia. Se creía que la Luna de la
Liebre era una promesa de crecimiento,
renacimiento y nuevos comienzos,
probablemente relacionada con la alta
capacidad reproductiva de la liebre.

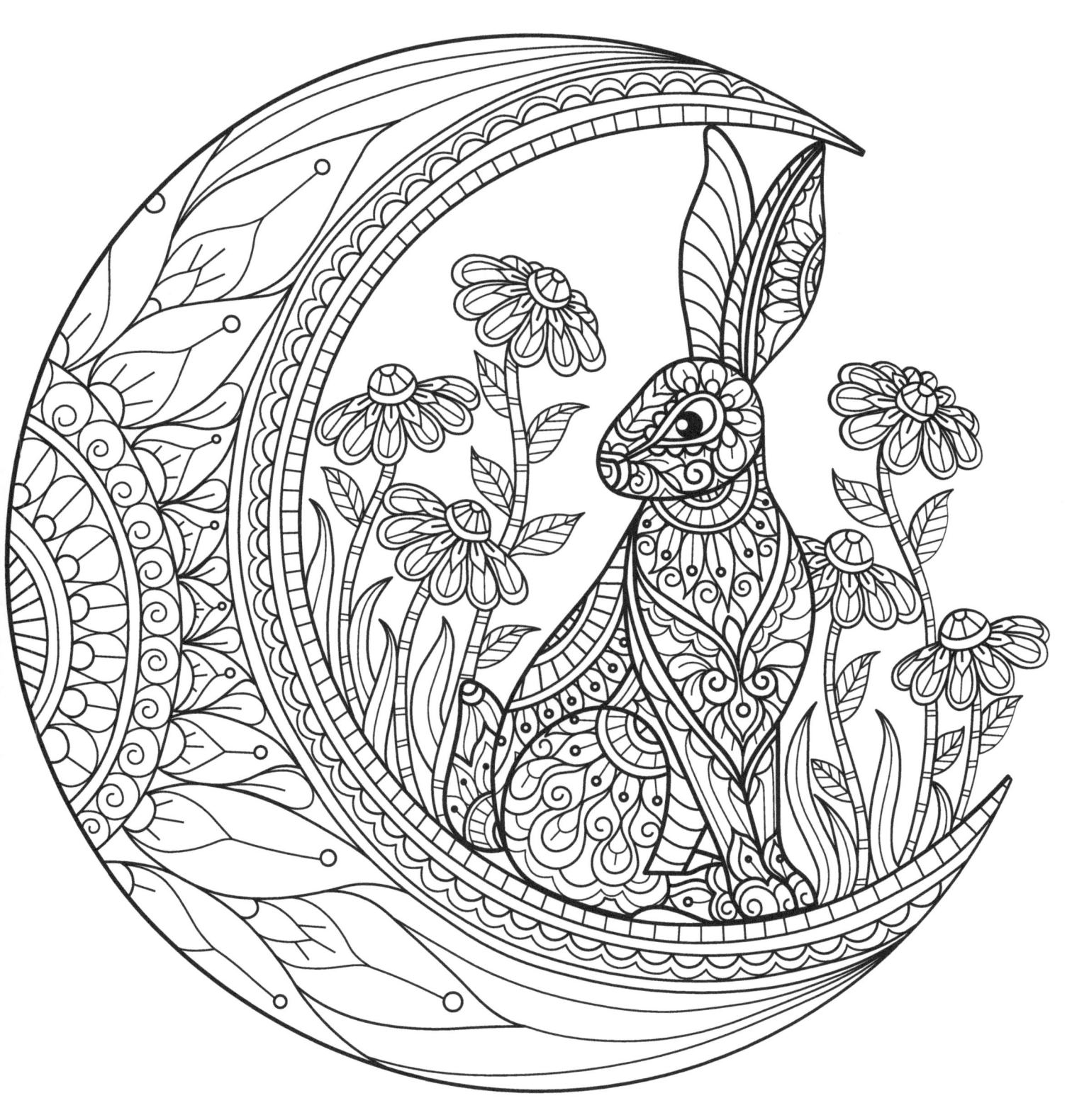

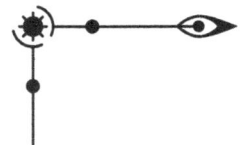
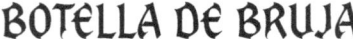

BOTELLA DE BRUJA

Llena una pequeña botella con tres alfileres, tres clavos pequeños, tres fragmentos de vidrio roto y pequeños cristales de amatista, hematita y cuarzo ahumado. Luego añade hierbas secas de protección y sal negra, sal blanca, cúrcuma, ajo en polvo, albahaca, salvia, romero, dedalera, artemisa y agujas de pino. Continúa hasta llenar la botella y sella la parte superior con cera de vela. Mientras sostienes la botella en tus manos, di la siguiente invocación:

Umbral protegido
Mal rechazado
Puerta vigilada
Entrada resguardada
Botella de bruja escondida
Acceso prohibido
Toda intención maligna
¡Se aleja!
A salvo de todo daño
Por los encantos de la botella de bruja
Como lo hago
Así será.

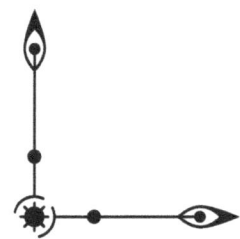
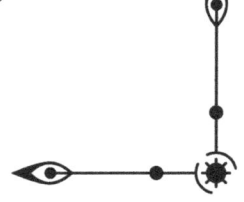

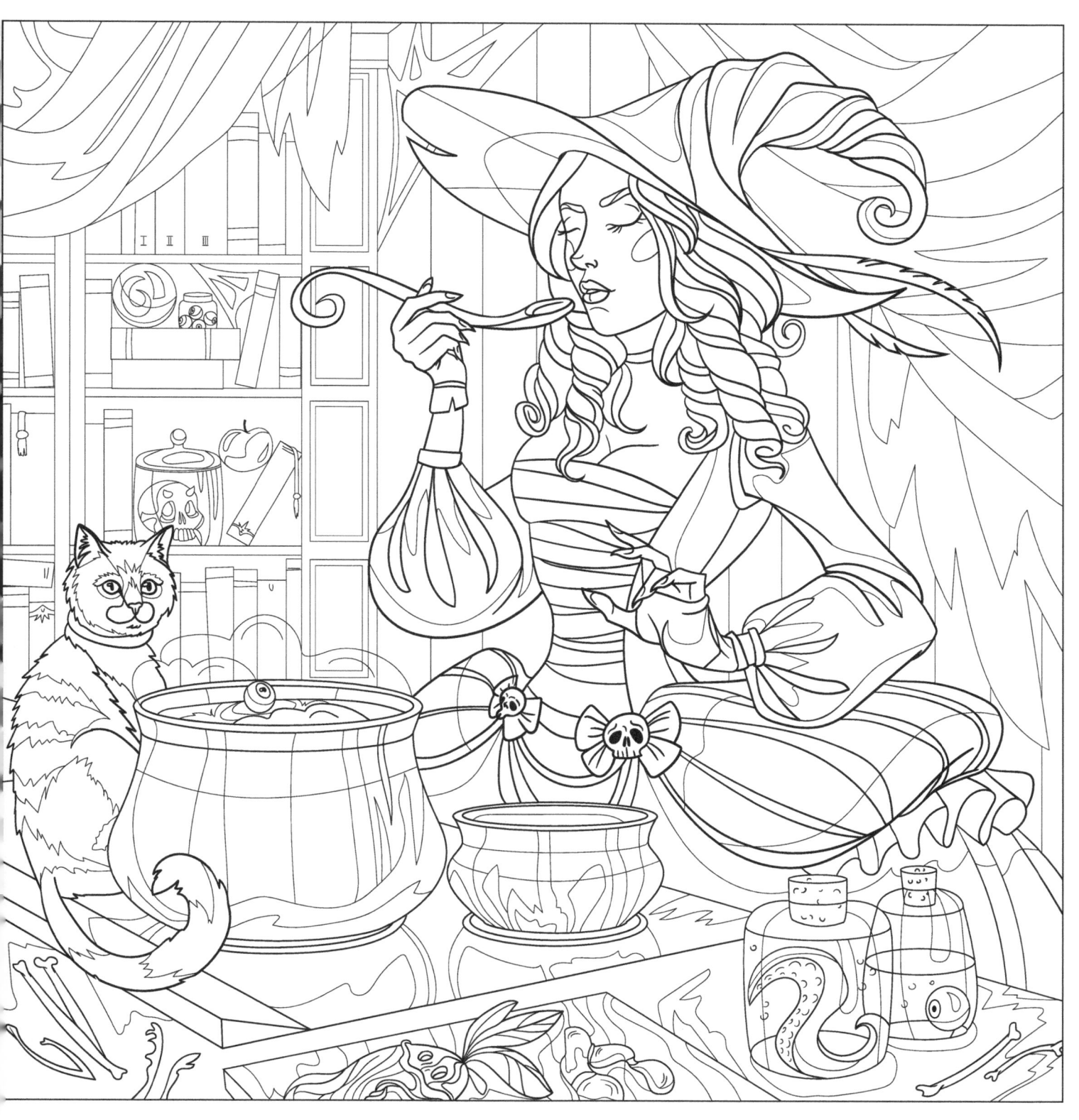

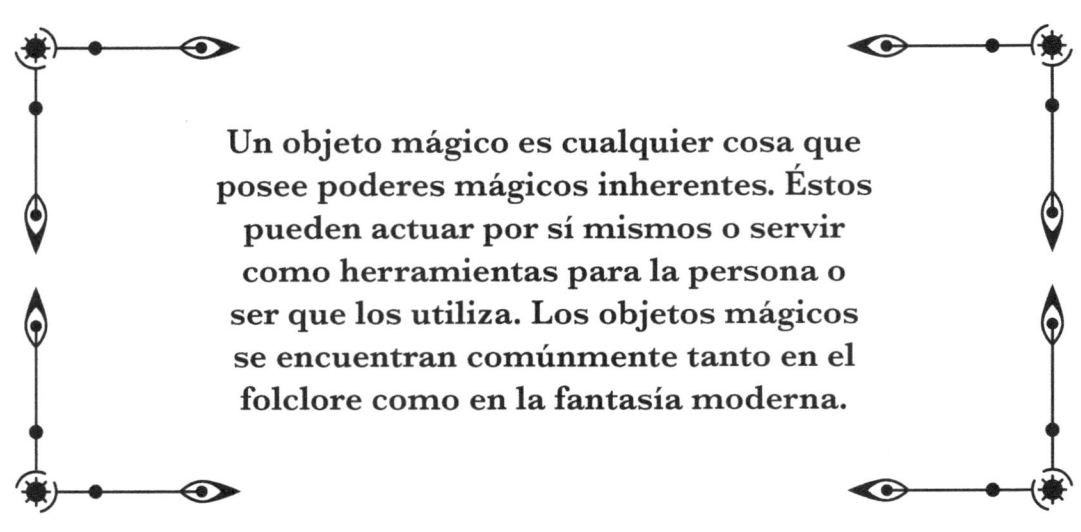

Un objeto mágico es cualquier cosa que posee poderes mágicos inherentes. Éstos pueden actuar por sí mismos o servir como herramientas para la persona o ser que los utiliza. Los objetos mágicos se encuentran comúnmente tanto en el folclore como en la fantasía moderna.

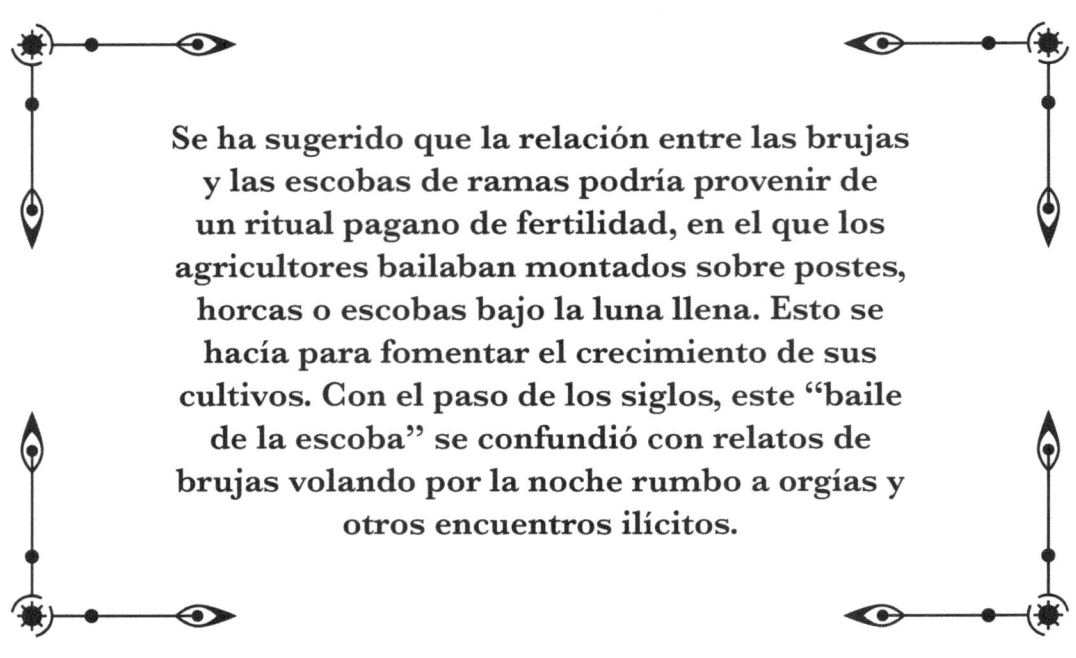

Se ha sugerido que la relación entre las brujas
y las escobas de ramas podría provenir de
un ritual pagano de fertilidad, en el que los
agricultores bailaban montados sobre postes,
horcas o escobas bajo la luna llena. Esto se
hacía para fomentar el crecimiento de sus
cultivos. Con el paso de los siglos, este "baile
de la escoba" se confundió con relatos de
brujas volando por la noche rumbo a orgías y
otros encuentros ilícitos.

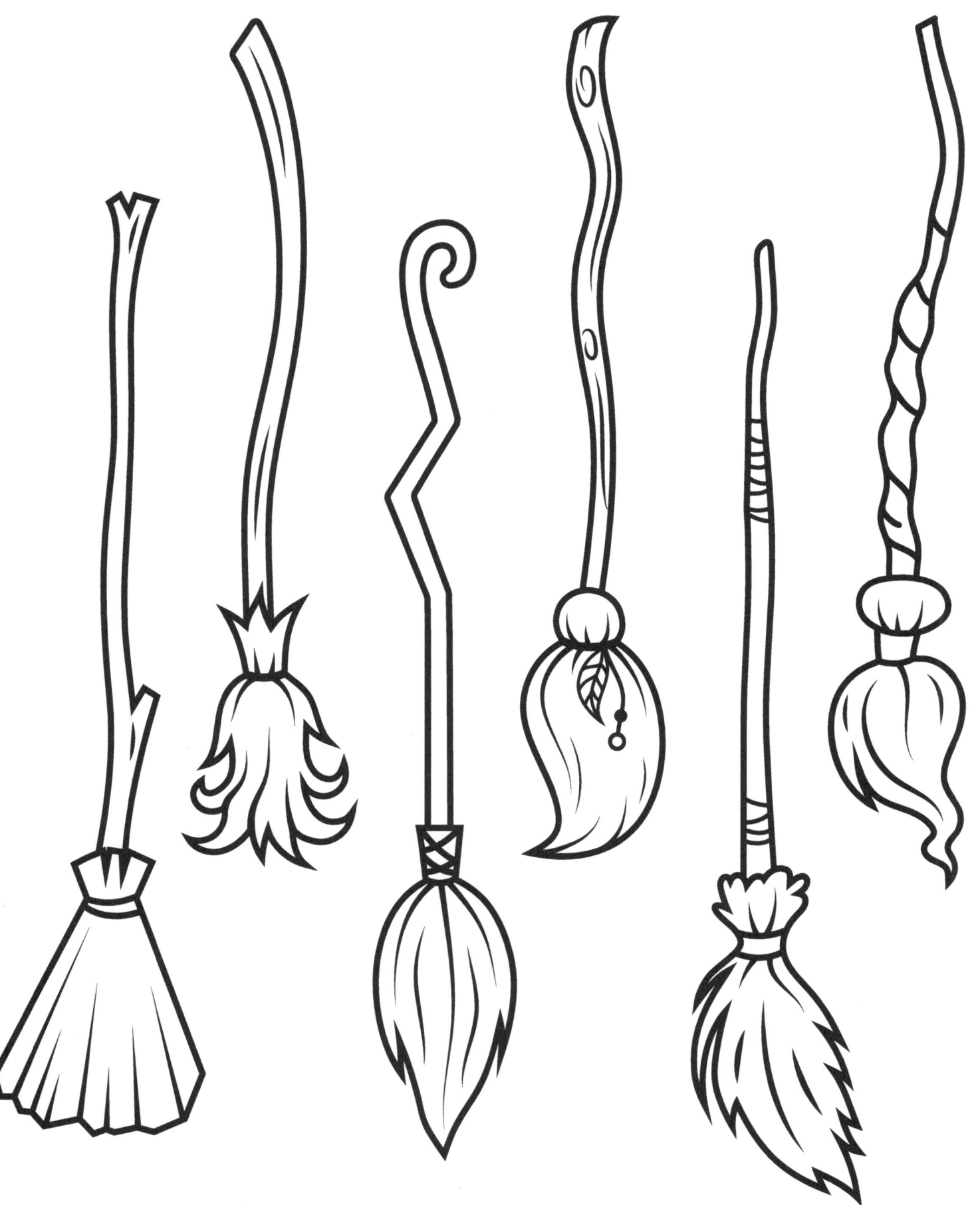

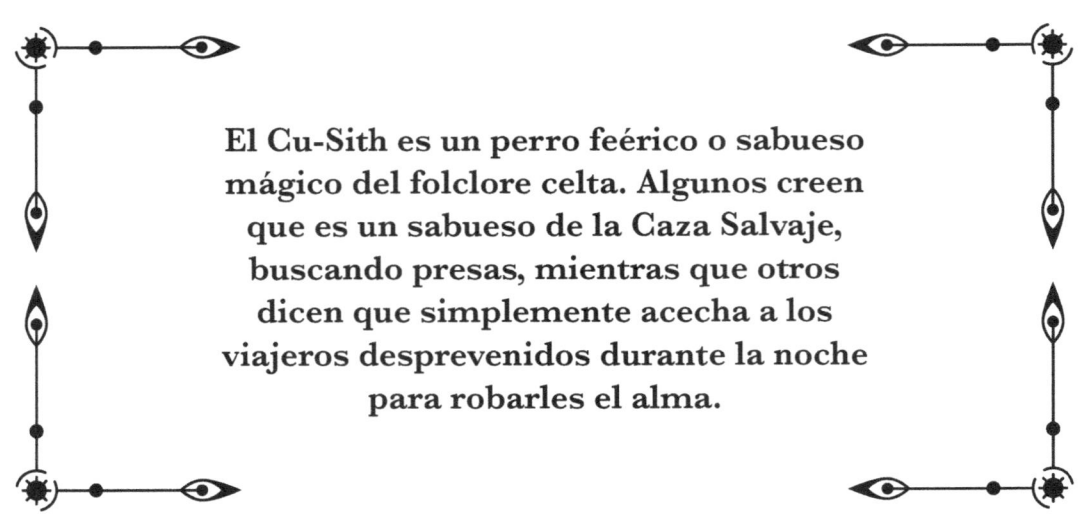

El Cu-Sith es un perro feérico o sabueso
mágico del folclore celta. Algunos creen
que es un sabueso de la Caza Salvaje,
buscando presas, mientras que otros
dicen que simplemente acecha a los
viajeros desprevenidos durante la noche
para robarles el alma.

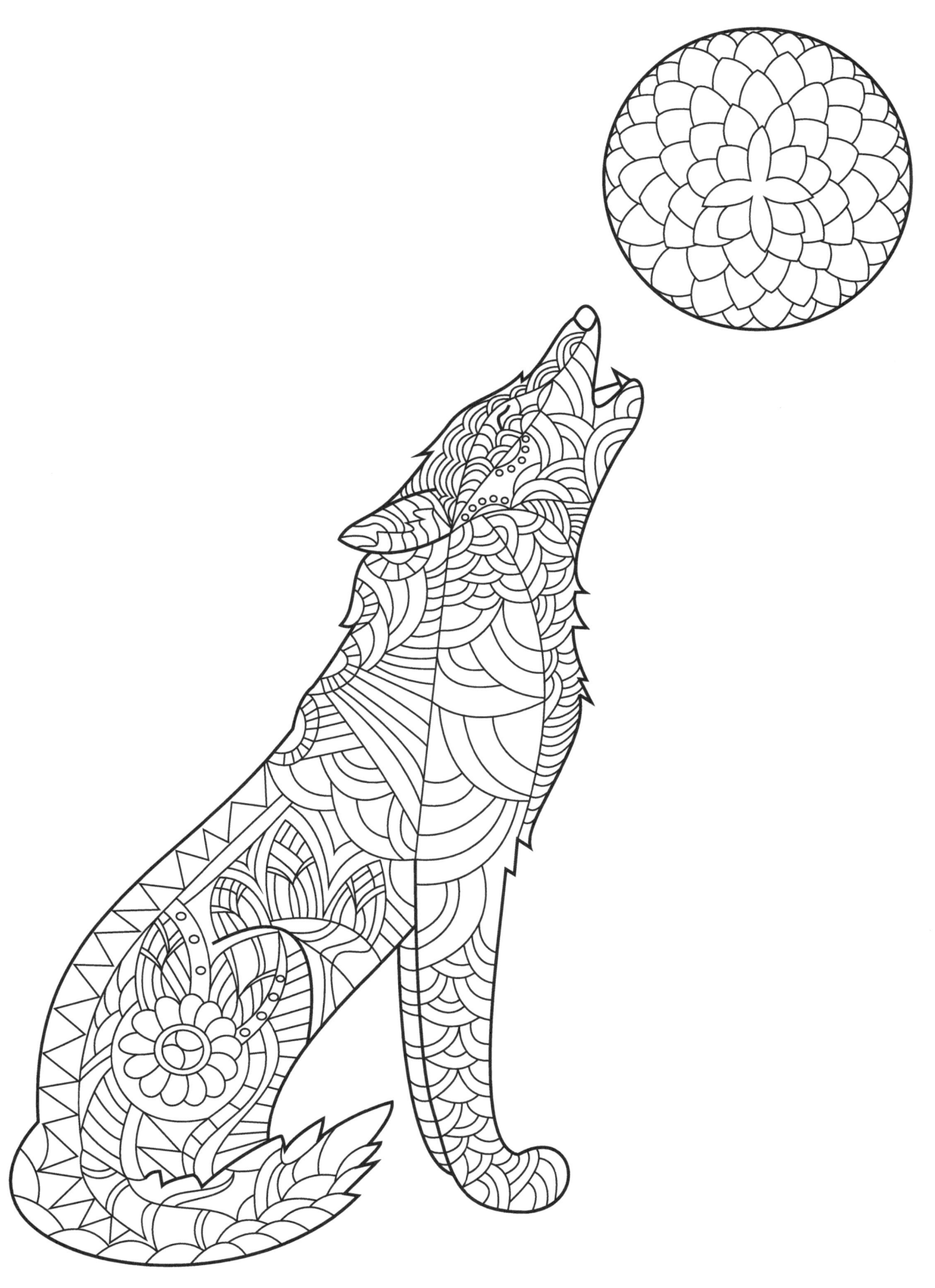

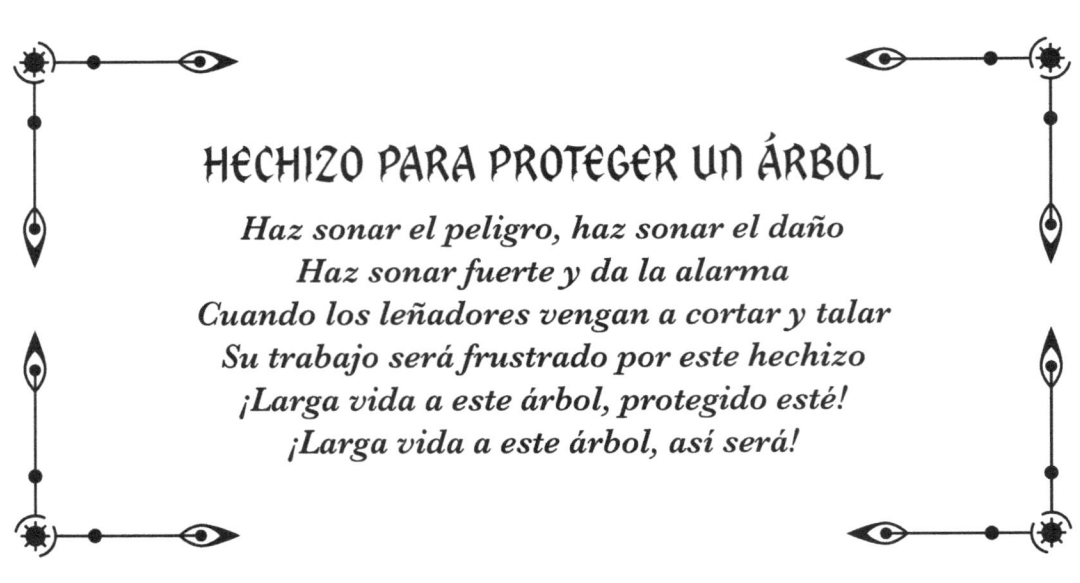

HECHIZO PARA PROTEGER UN ÁRBOL

Haz sonar el peligro, haz sonar el daño
Haz sonar fuerte y da la alarma
Cuando los leñadores vengan a cortar y talar
Su trabajo será frustrado por este hechizo
¡Larga vida a este árbol, protegido esté!
¡Larga vida a este árbol, así será!

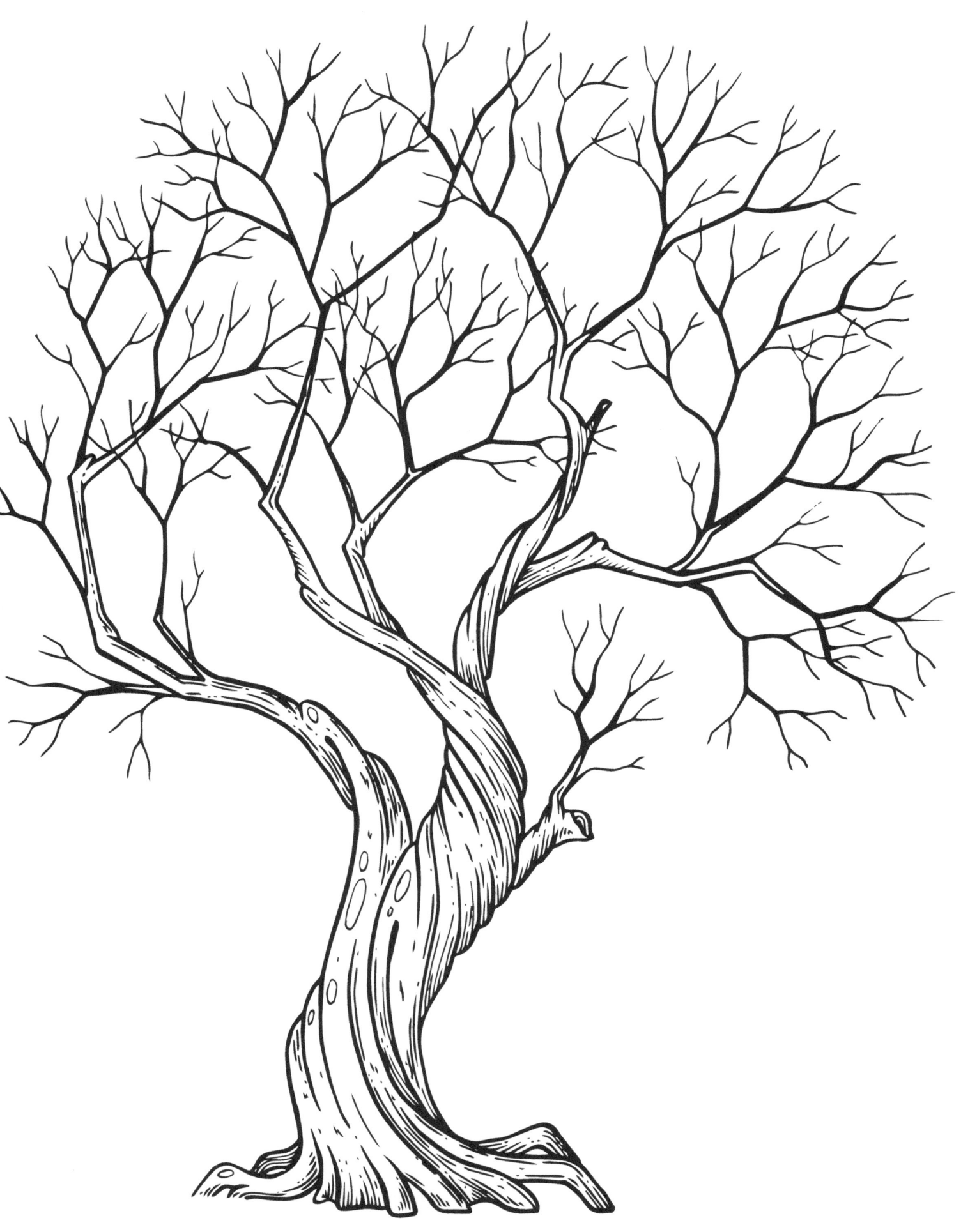

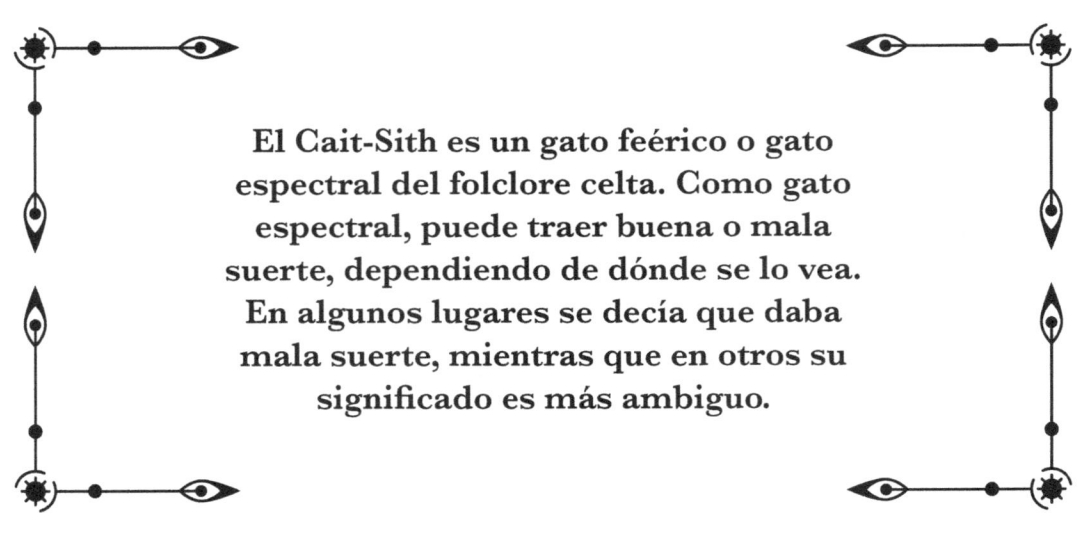

El Cait-Sith es un gato feérico o gato espectral del folclore celta. Como gato espectral, puede traer buena o mala suerte, dependiendo de dónde se lo vea. En algunos lugares se decía que daba mala suerte, mientras que en otros su significado es más ambiguo.

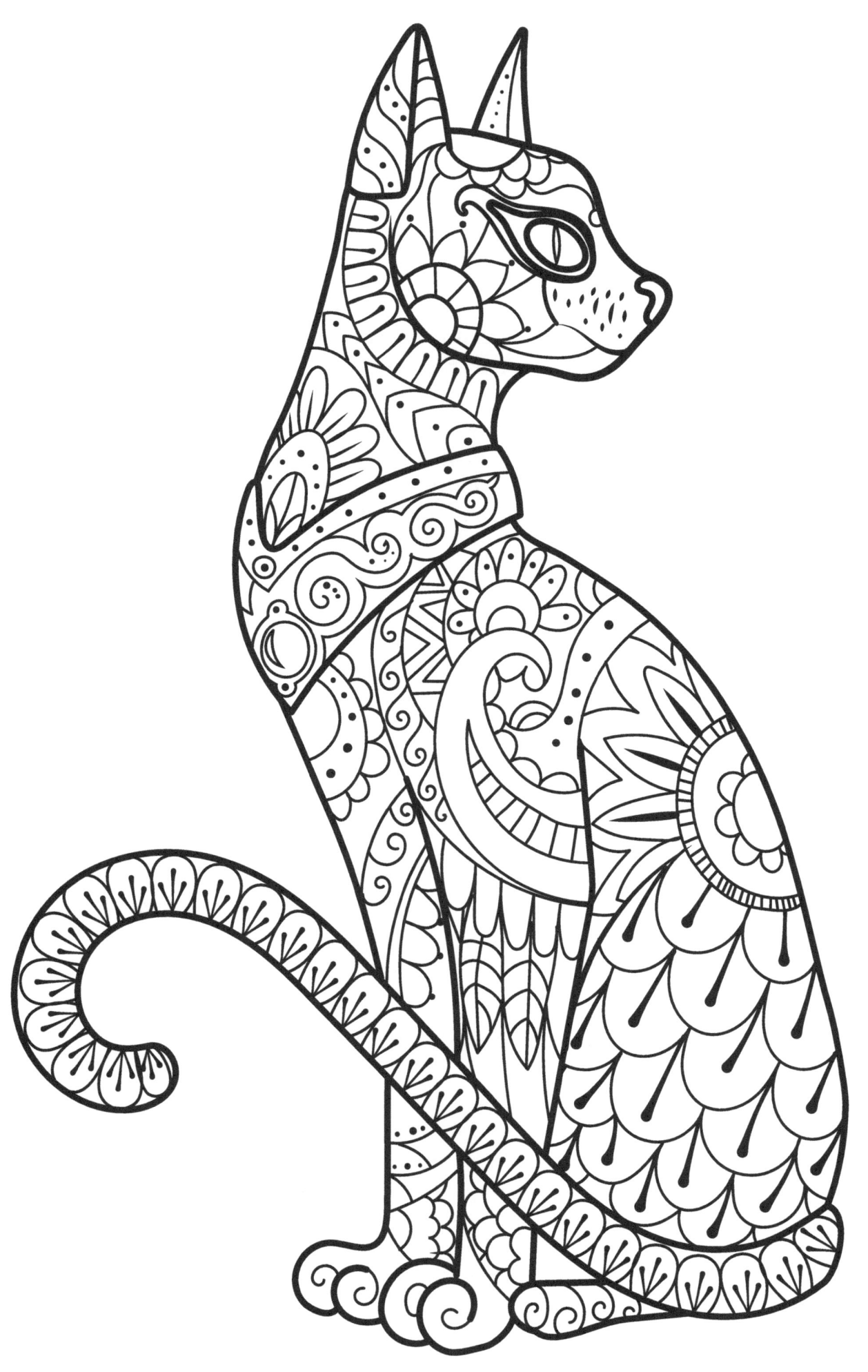

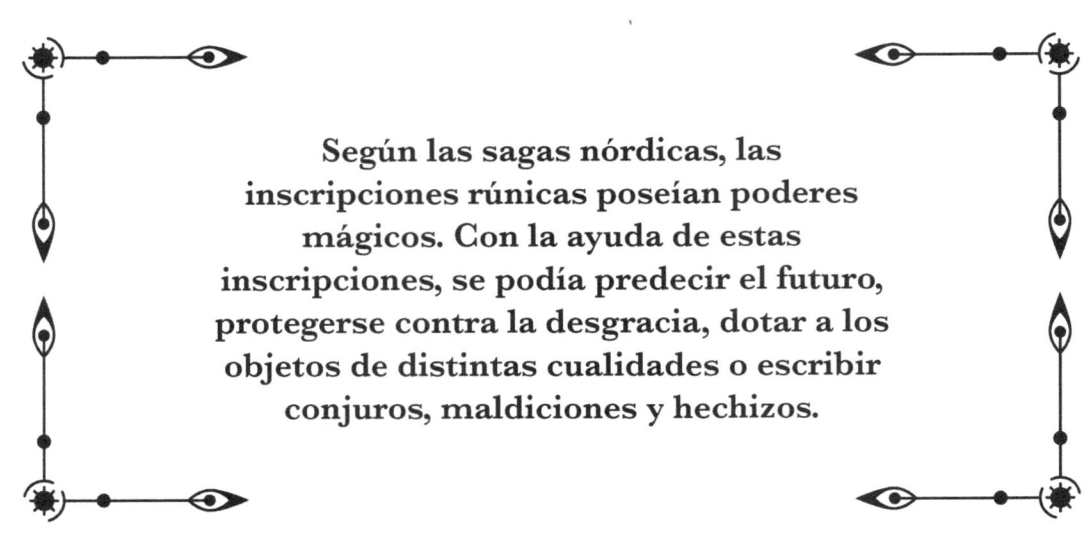

Según las sagas nórdicas, las
inscripciones rúnicas poseían poderes
mágicos. Con la ayuda de estas
inscripciones, se podía predecir el futuro,
protegerse contra la desgracia, dotar a los
objetos de distintas cualidades o escribir
conjuros, maldiciones y hechizos.

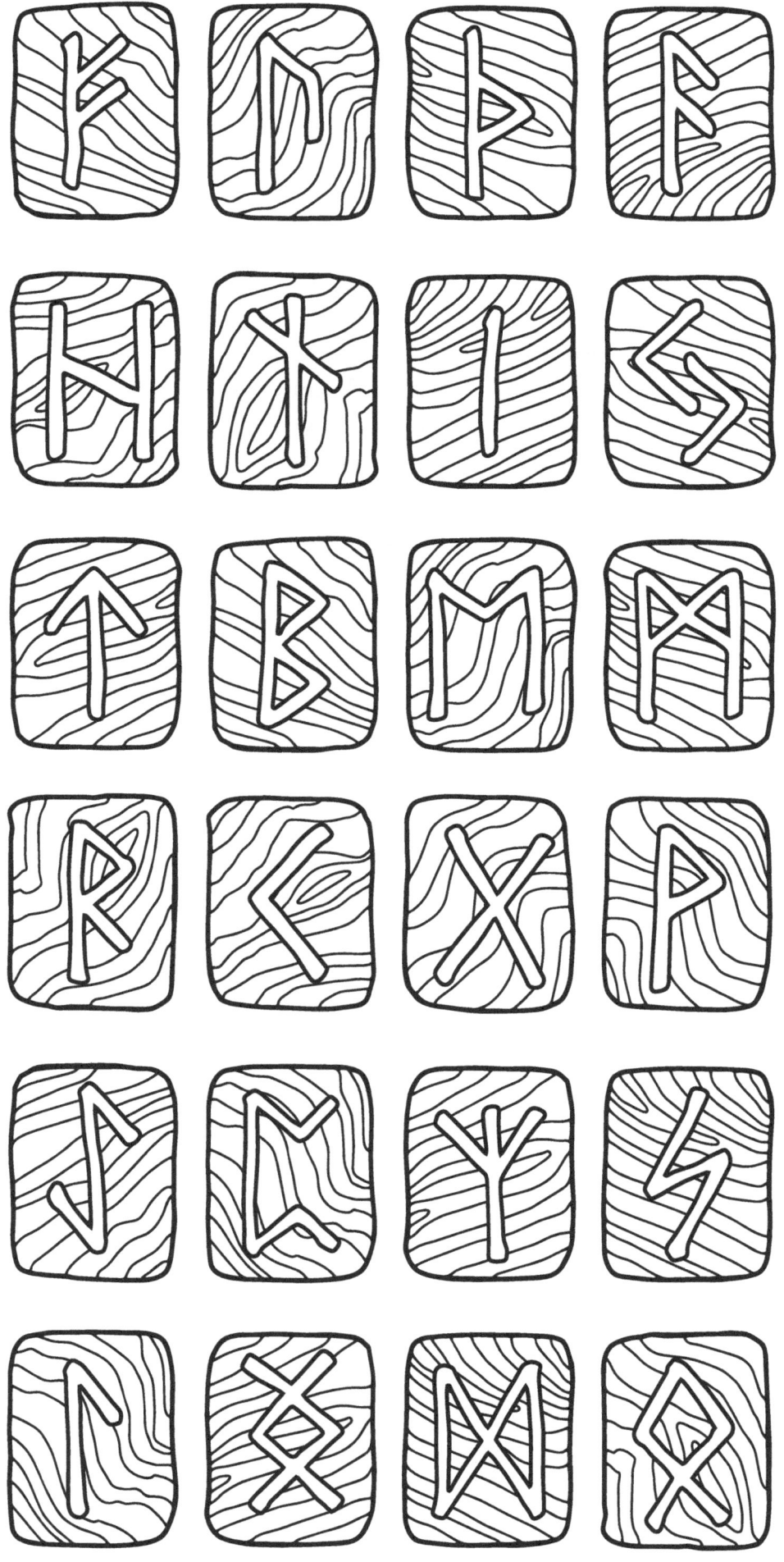

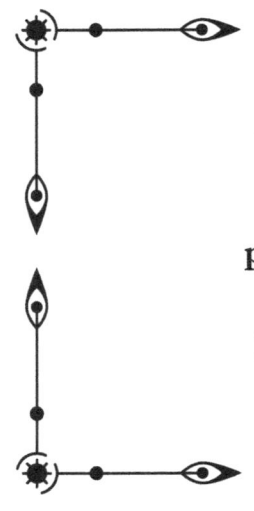
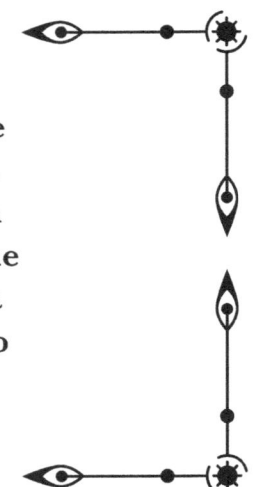

En muchos países africanos, se cree
que un búho grande que ronda una
casa indica que allí vive un chamán
poderoso. Muchos también creen que
el búho transporta mensajes de ida
y vuelta entre el chamán y el mundo
espiritual.

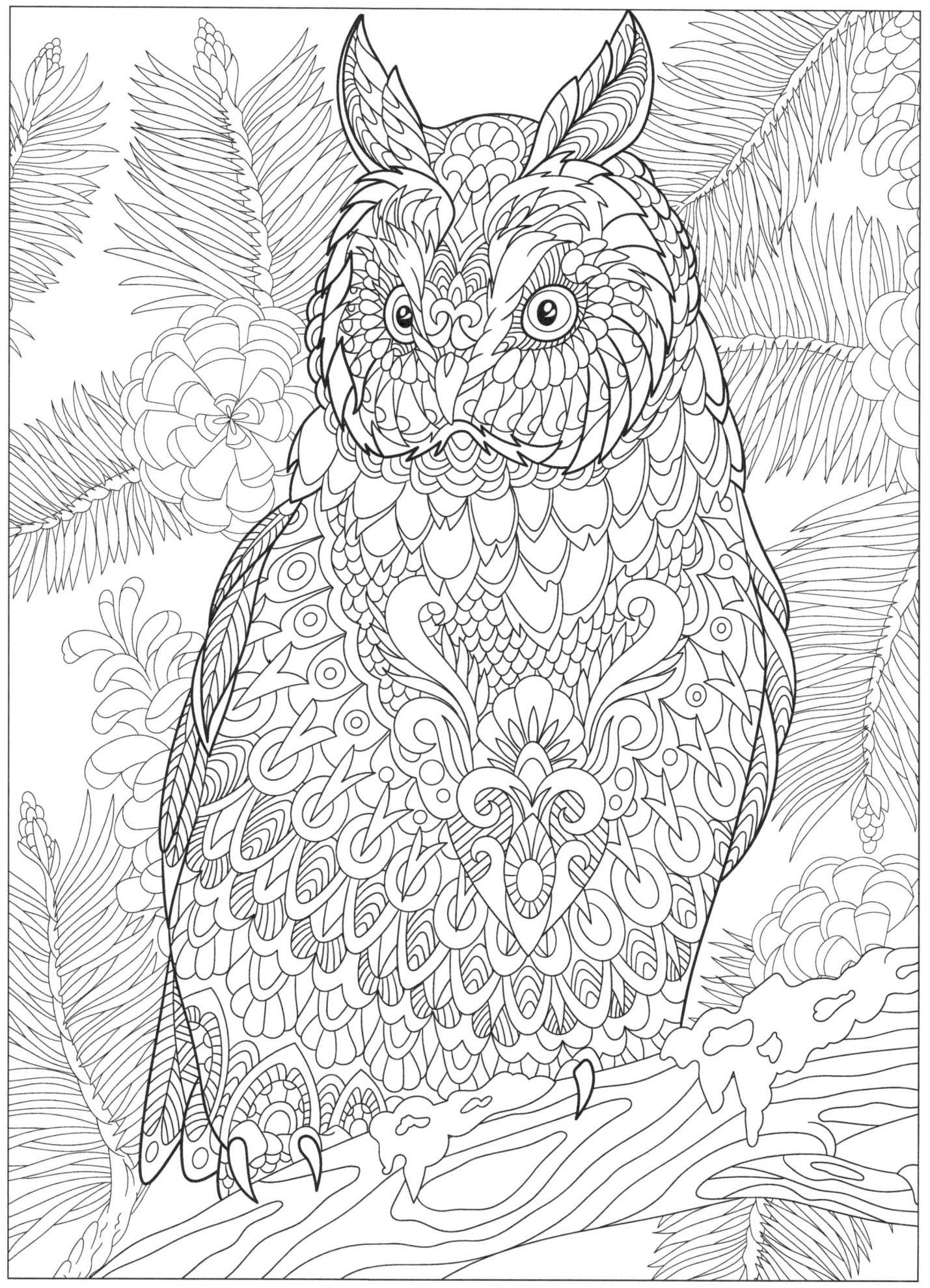

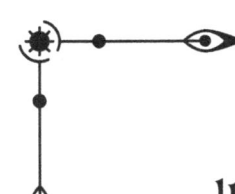

RAMITOS DE HIERBAS PARA INTENCIONES MÁGICAS ESPECÍFICAS

Puedes usar combinaciones concretas de hierbas y
flores para lograr resultados particulares en la magia.
Algunas sugerencias son:

Limpiar la negatividad: salvia, pino y lavanda
Protección: pino, ramas de canela, tomillo y romero
Positividad: salvia, romero y pétalos de girasol
Abundancia: cedro, albahaca, jengibre,
ramas de canela, pétalos de girasol
Amor: ramas de canela, pétalos de rosa,
pétalos de gardenia, lavanda
Conciencia psíquica / conexión espiritual:
salvia, jazmín, tomillo y enebro
Claridad mental: salvia, romero y menta

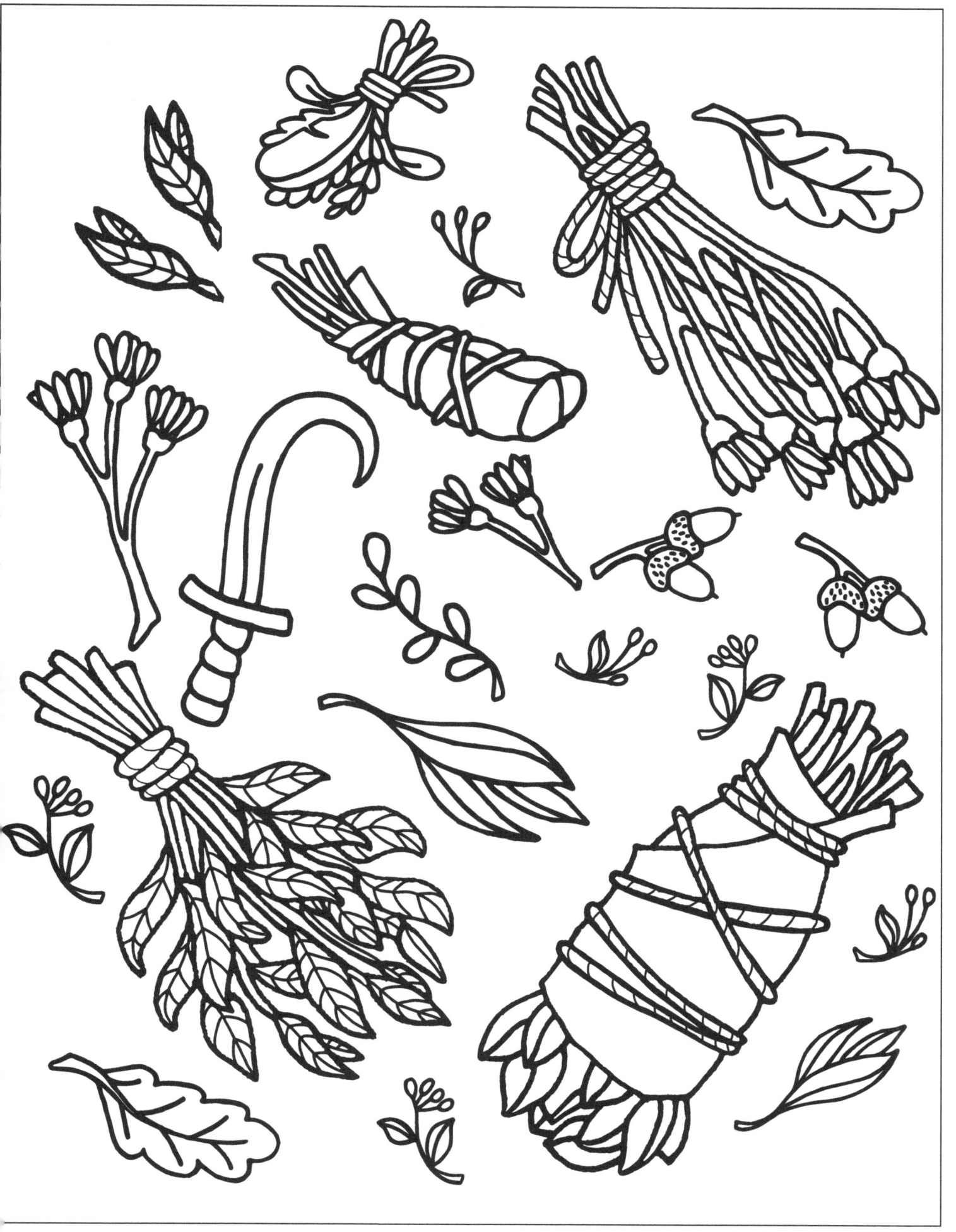

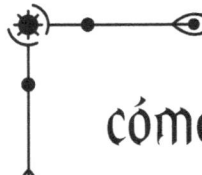
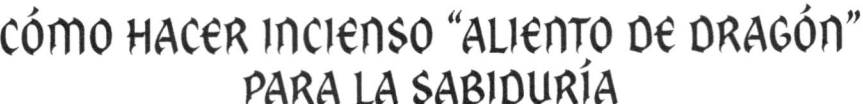

CÓMO HACER INCIENSO "ALIENTO DE DRAGÓN" PARA LA SABIDURÍA

Para este ritual necesitarás un mortero con mano, un frasco vacío y las siguientes hierbas: salvia, menta, romero y albahaca, símbolos de sabiduría, claridad, protección y poder. Toma tres cucharadas de cada hierba, tritúralas hasta convertirlas en un polvo fino y mézclalas con el incienso. Empodera el incienso pronunciando las palabras:

Dragón Rojo de fuerza ígnea
Presta tu sabiduría, envía tu luz
Draco celta viejo y sabio
Que tu aliento filtre la verdad de la mentira
Aliento de dragón, humo libre
El conocimiento es poder, así sea

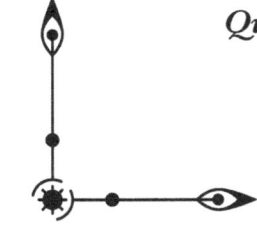

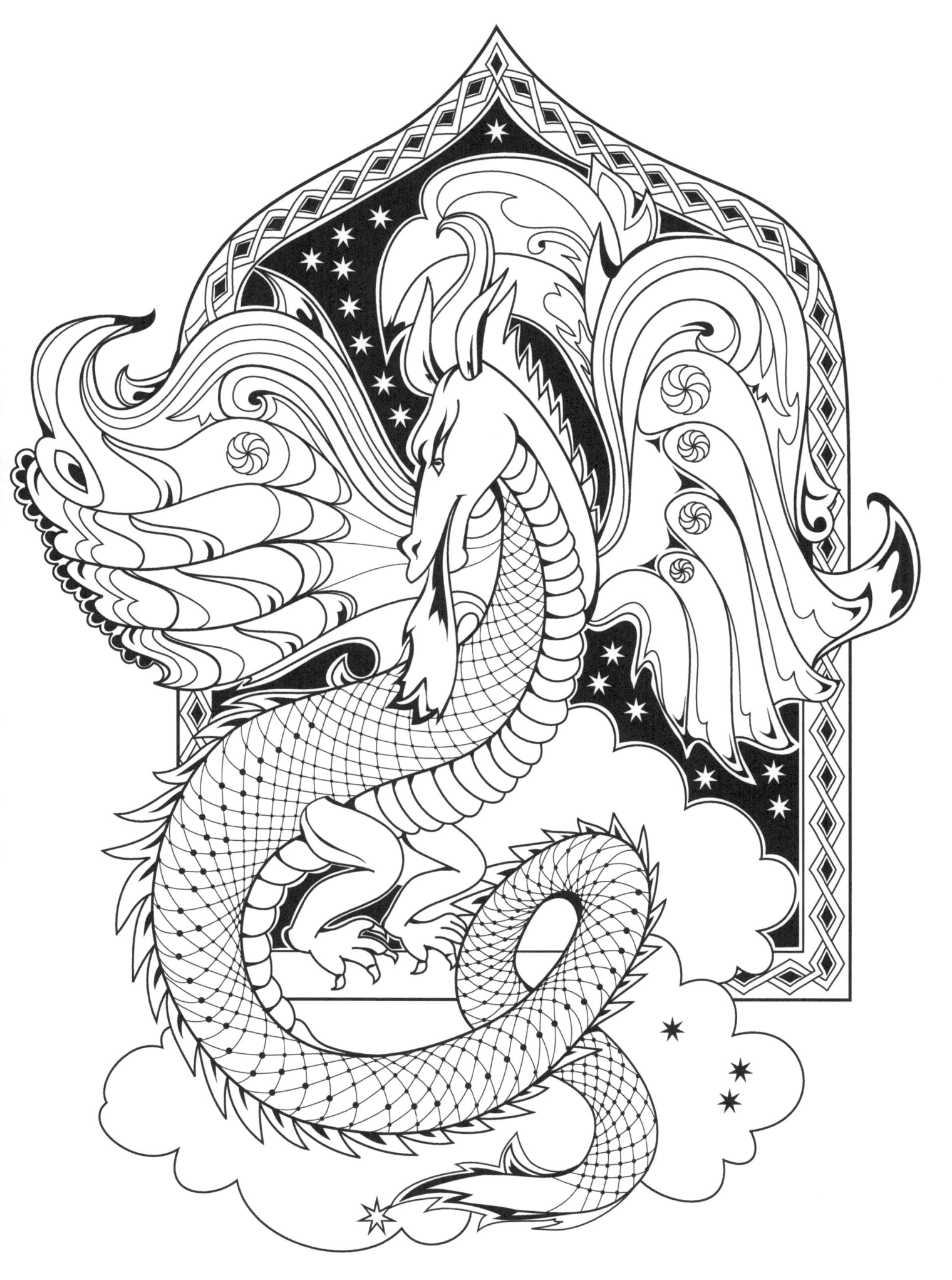

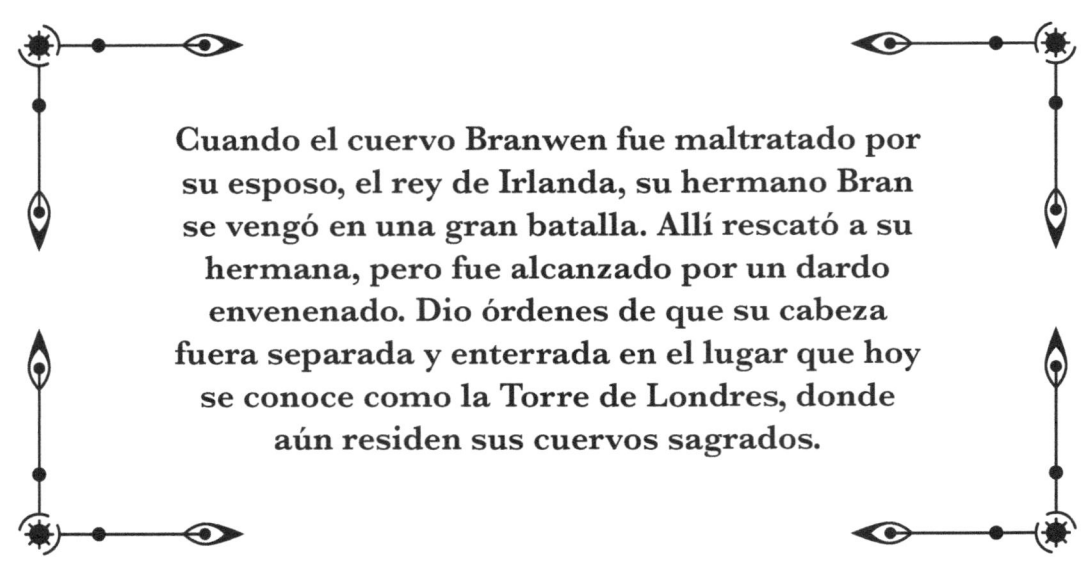

Cuando el cuervo Branwen fue maltratado por su esposo, el rey de Irlanda, su hermano Bran se vengó en una gran batalla. Allí rescató a su hermana, pero fue alcanzado por un dardo envenenado. Dio órdenes de que su cabeza fuera separada y enterrada en el lugar que hoy se conoce como la Torre de Londres, donde aún residen sus cuervos sagrados.

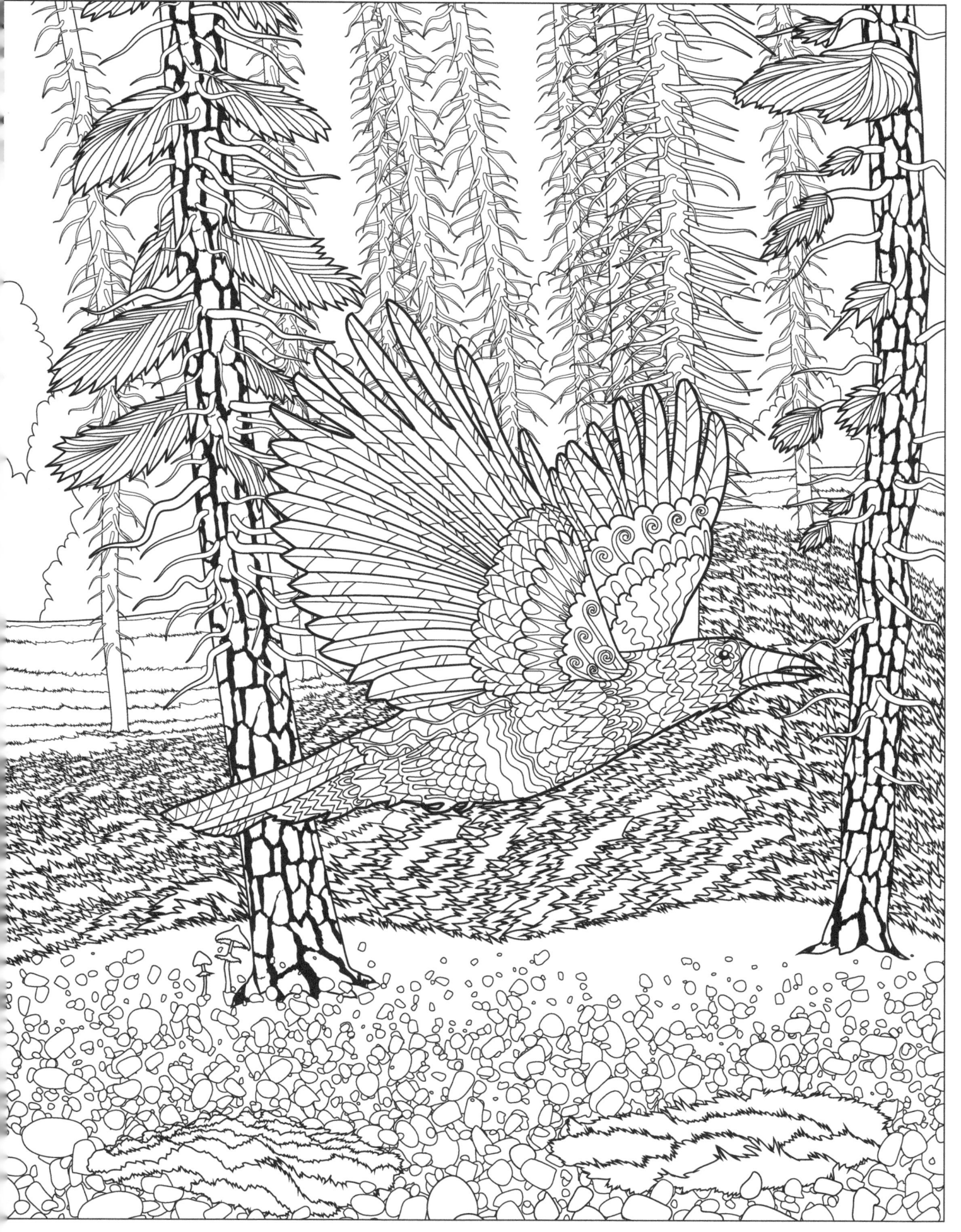

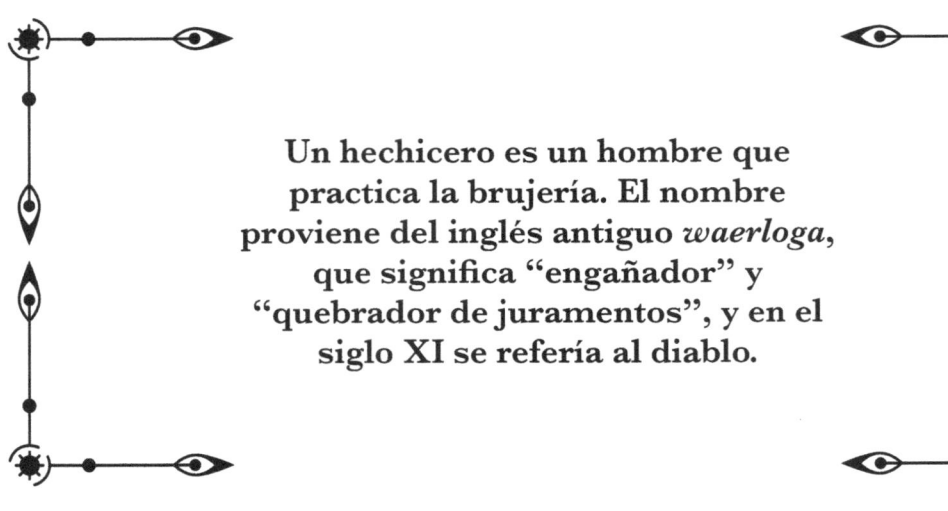

Un hechicero es un hombre que practica la brujería. El nombre proviene del inglés antiguo *waerloga*, que significa "engañador" y "quebrador de juramentos", y en el siglo XI se refería al diablo.

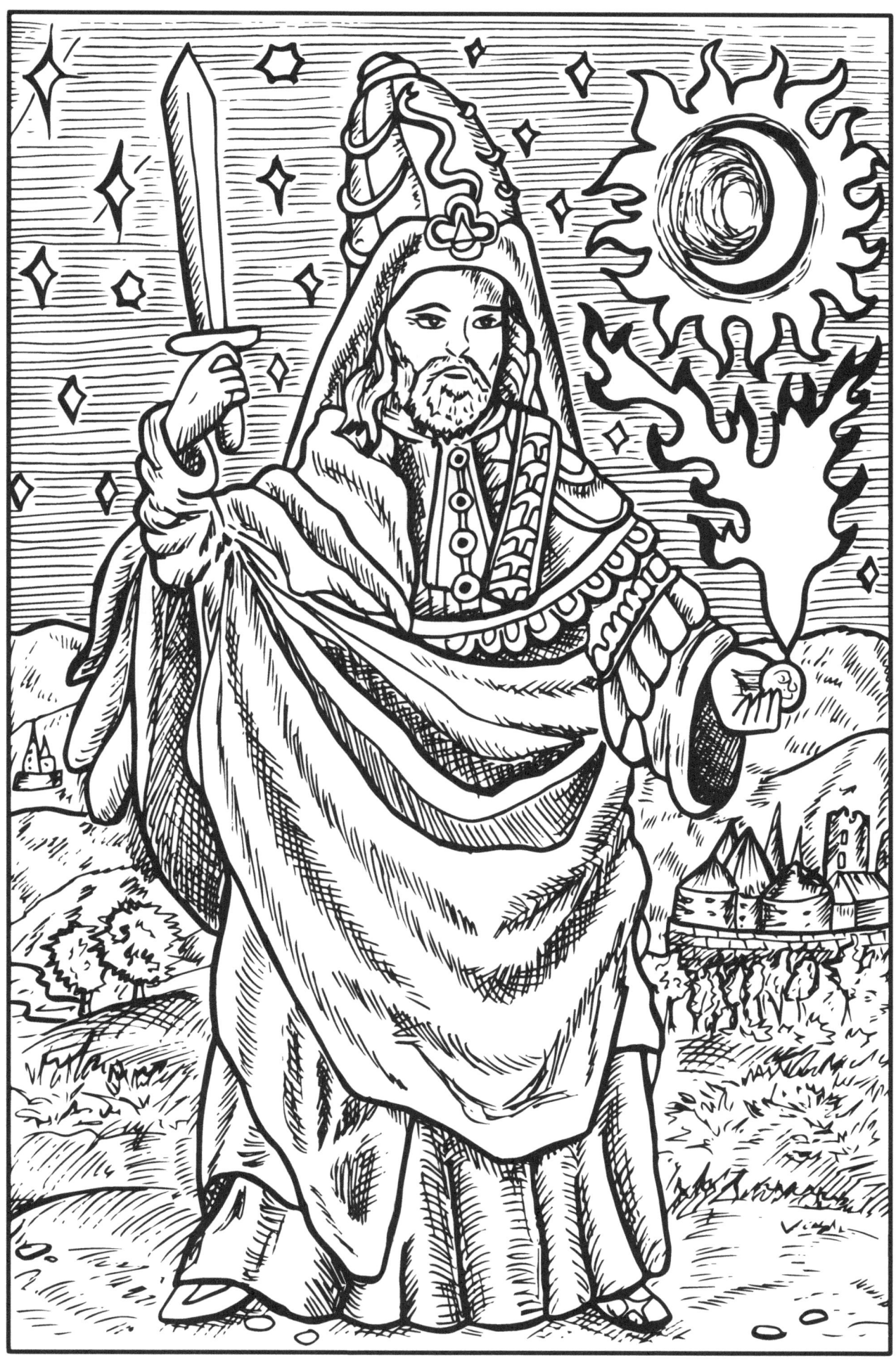

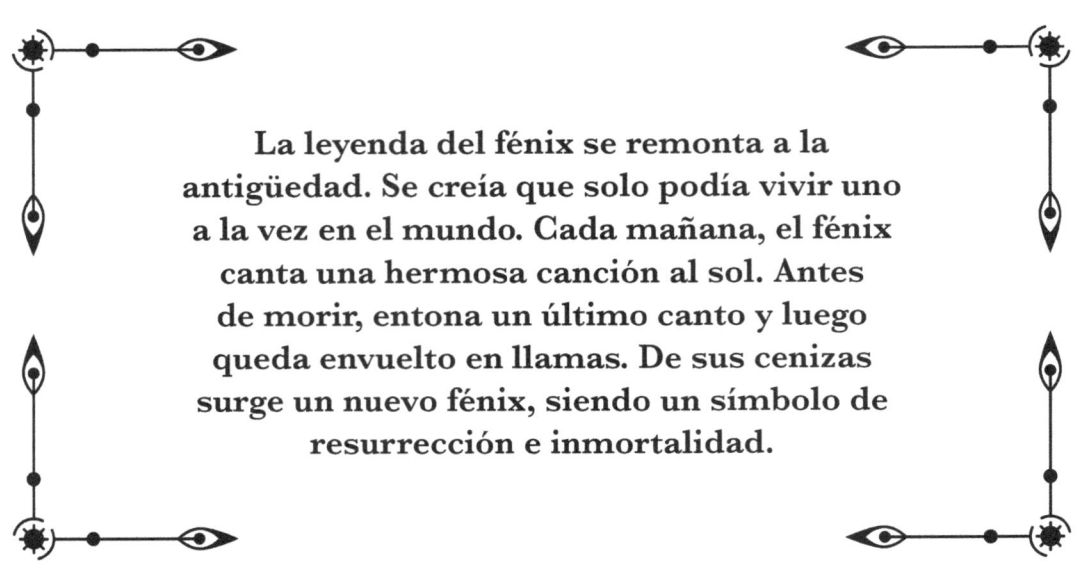

La leyenda del fénix se remonta a la antigüedad. Se creía que solo podía vivir uno a la vez en el mundo. Cada mañana, el fénix canta una hermosa canción al sol. Antes de morir, entona un último canto y luego queda envuelto en llamas. De sus cenizas surge un nuevo fénix, siendo un símbolo de resurrección e inmortalidad.

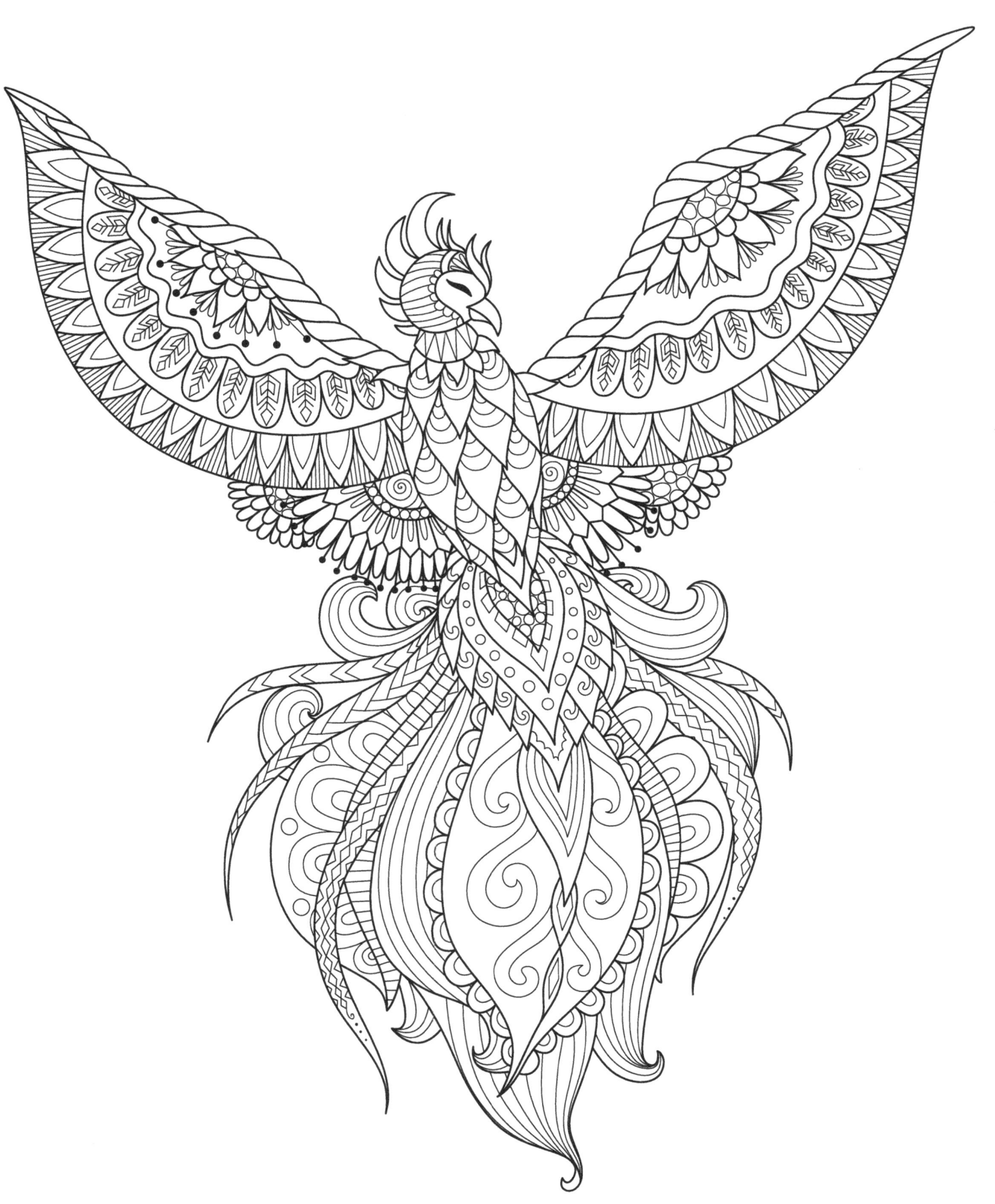

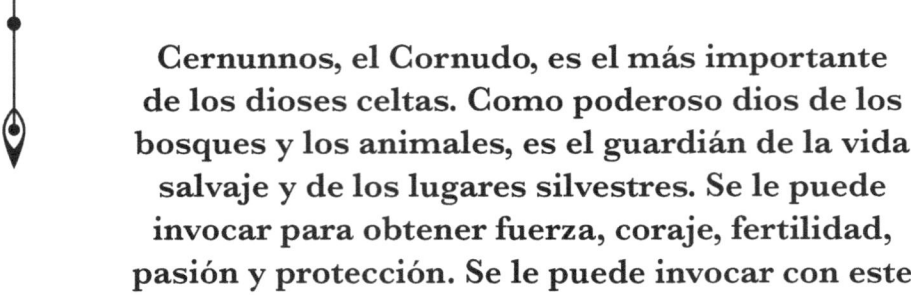

Cernunnos, el Cornudo, es el más importante
de los dioses celtas. Como poderoso dios de los
bosques y los animales, es el guardián de la vida
salvaje y de los lugares silvestres. Se le puede
invocar para obtener fuerza, coraje, fertilidad,
pasión y protección. Se le puede invocar con este
canto tradicional:

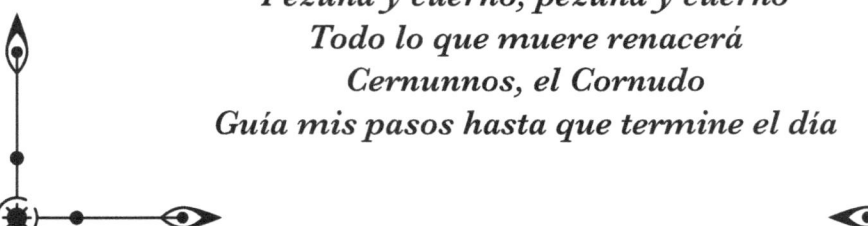

Pezuña y cuerno, pezuña y cuerno
Todo lo que muere renacerá
Cernunnos, el Cornudo
Guía mis pasos hasta que termine el día

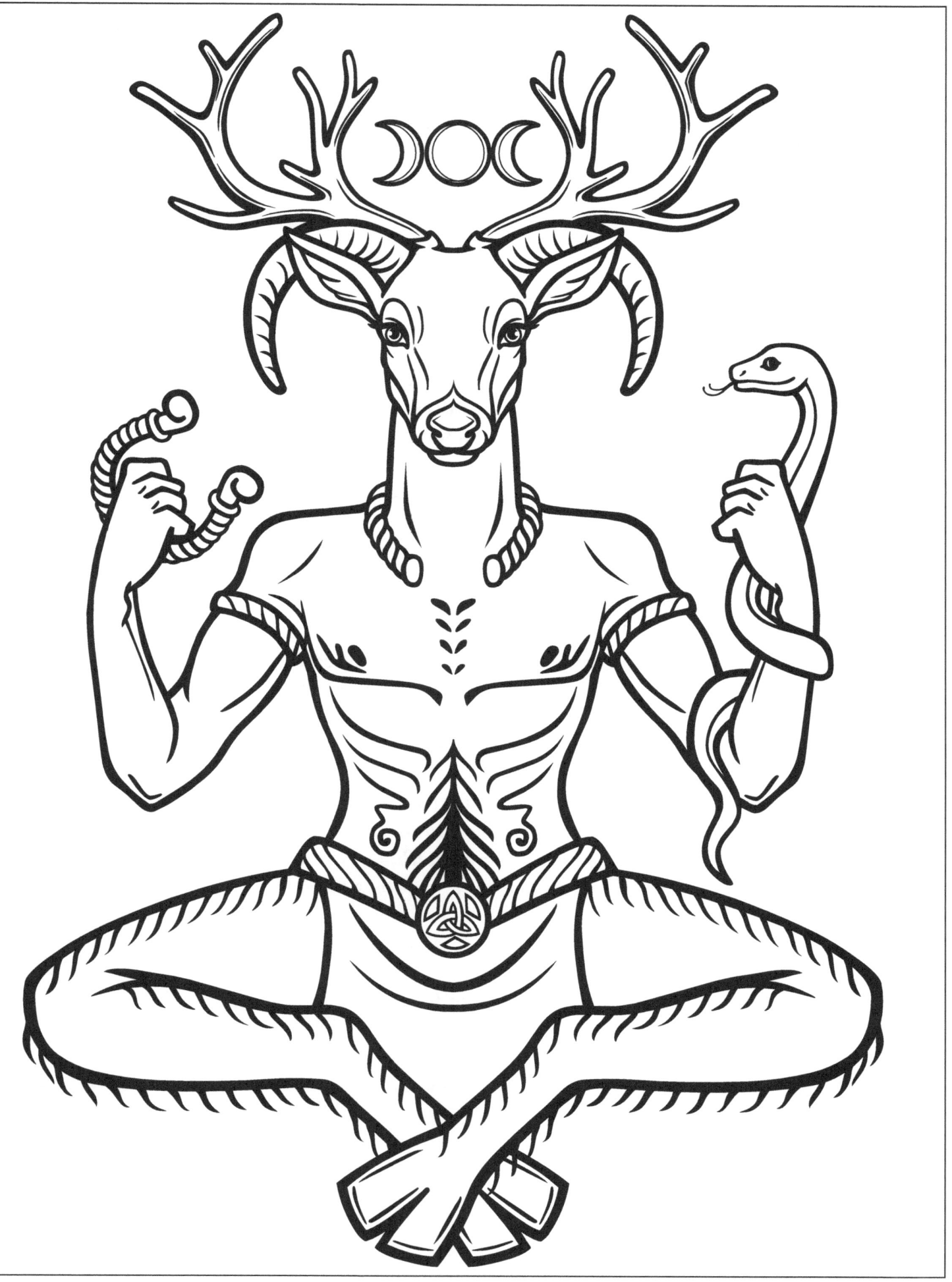

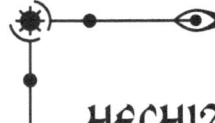
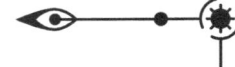

HECHIZO PARA MANTENER EL HOGAR PRÓSPERO

Visualiza tu casa como un lugar de alegría y abundancia, usando imágenes que refuercen esa idea. En la luna nueva, toma tantas hojas de laurel secas como puertas o ventanas tenga tu hogar. Colócalas sobre un pentáculo para cargarlas y coloca tus manos sobre ellas mientras dices:

Cargo y bendigo estas hojas de riqueza
Que traigan salud financiera

Deja que las hojas se carguen hasta que la luna esté llena, luego unge cada hoja con un poco de aceite de pachuli. Coloca una hoja en cada ventana y puerta. Usa chinchetas doradas para fijarlas, representando al sol. Mientras lo haces, repite este canto:

Hojas de riqueza, abundancia traed
La prosperidad hace cantar este hogar feliz
Luz y calor, combustible y comida
Todo es brillante y todo es bueno
Bendice esta casa con prosperidad
Por mi magia, así será.

Mantén las hojas en su lugar durante un año completo y luego repite el hechizo con hojas nuevas. Quema las hojas viejas en un caldero y da gracias mientras lo haces.

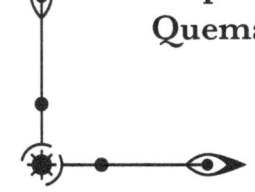
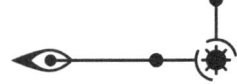

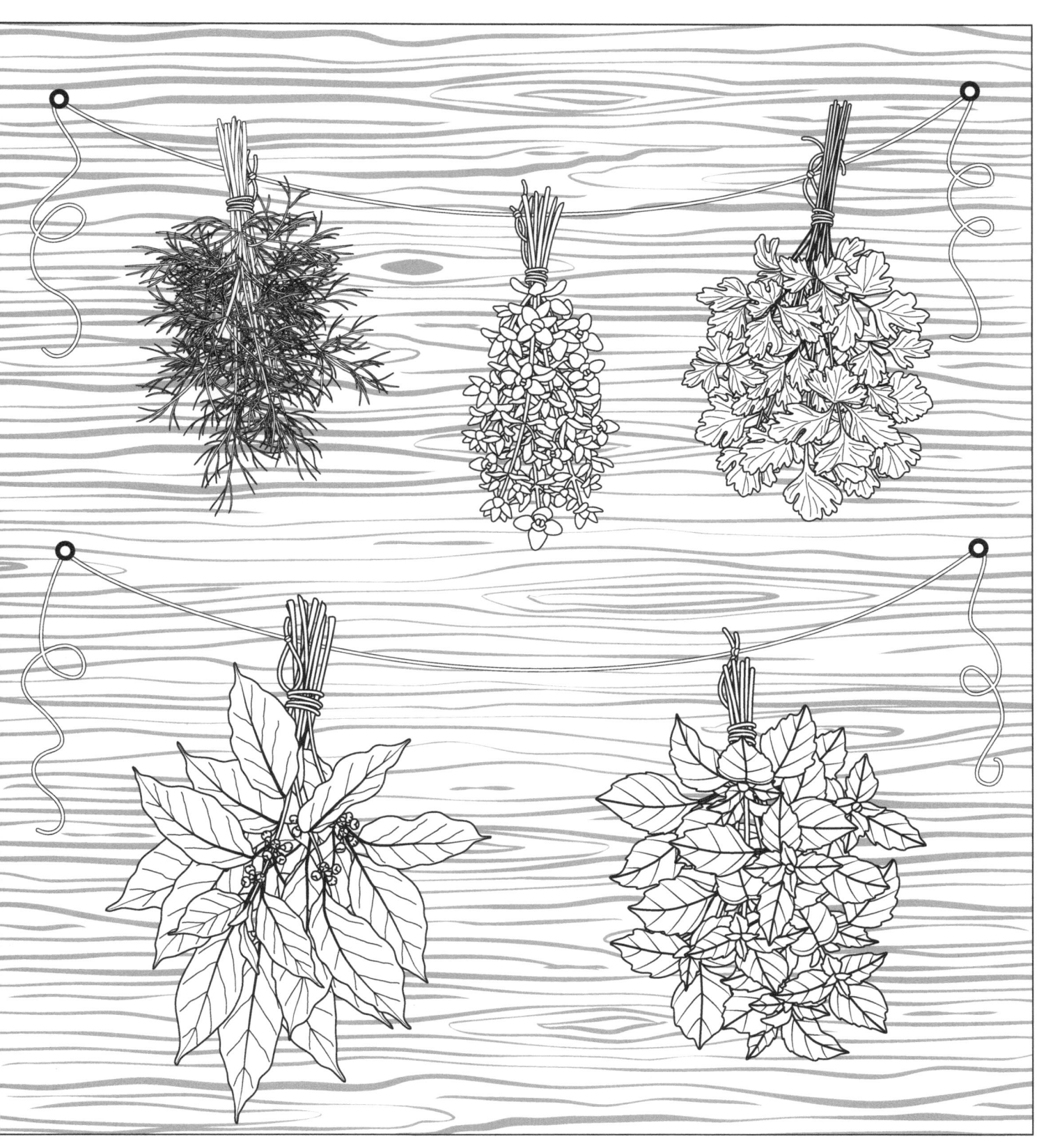

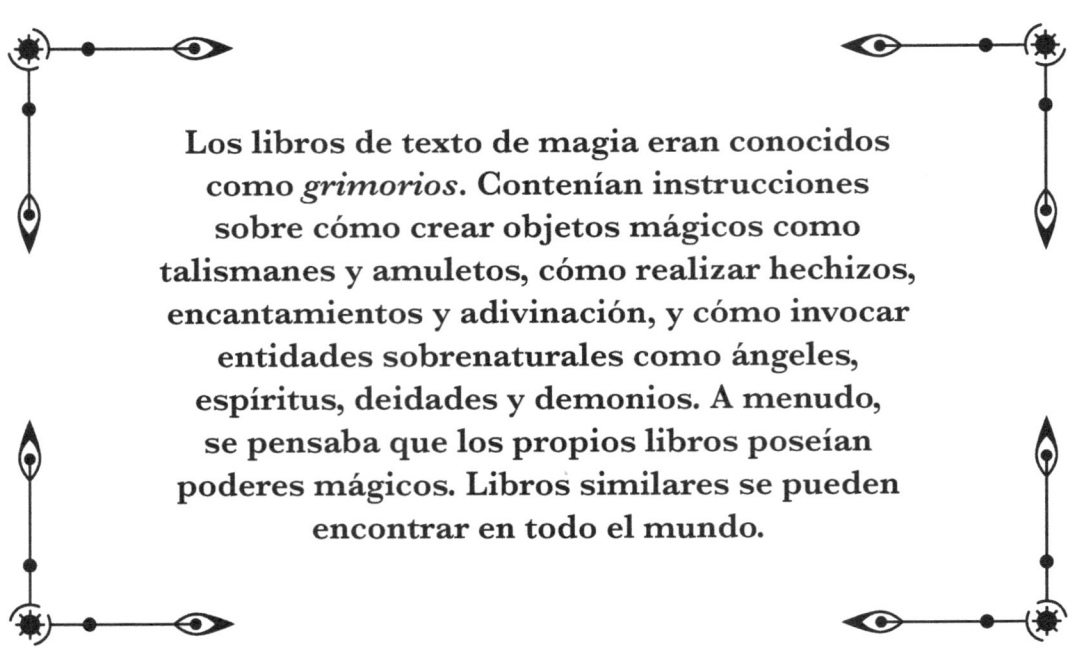

Los libros de texto de magia eran conocidos como *grimorios*. Contenían instrucciones sobre cómo crear objetos mágicos como talismanes y amuletos, cómo realizar hechizos, encantamientos y adivinación, y cómo invocar entidades sobrenaturales como ángeles, espíritus, deidades y demonios. A menudo, se pensaba que los propios libros poseían poderes mágicos. Libros similares se pueden encontrar en todo el mundo.

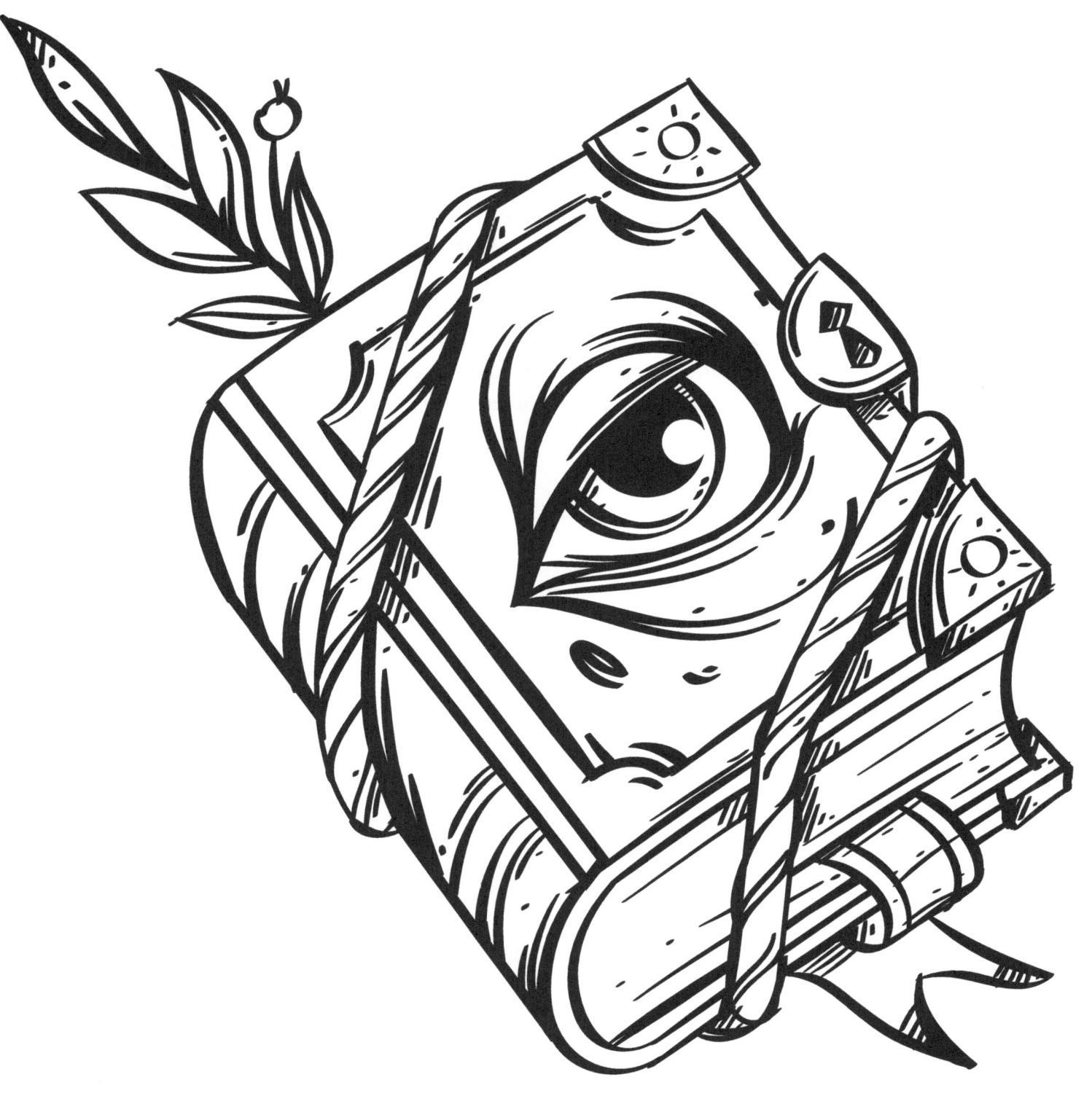

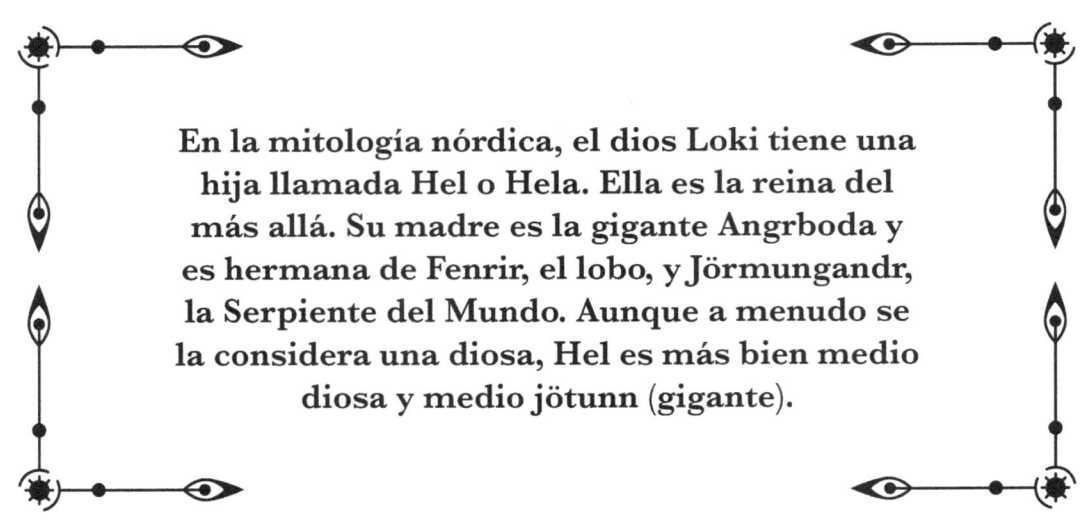

En la mitología nórdica, el dios Loki tiene una
hija llamada Hel o Hela. Ella es la reina del
más allá. Su madre es la gigante Angrboda y
es hermana de Fenrir, el lobo, y Jörmungandr,
la Serpiente del Mundo. Aunque a menudo se
la considera una diosa, Hel es más bien medio
diosa y medio jötunn (gigante).

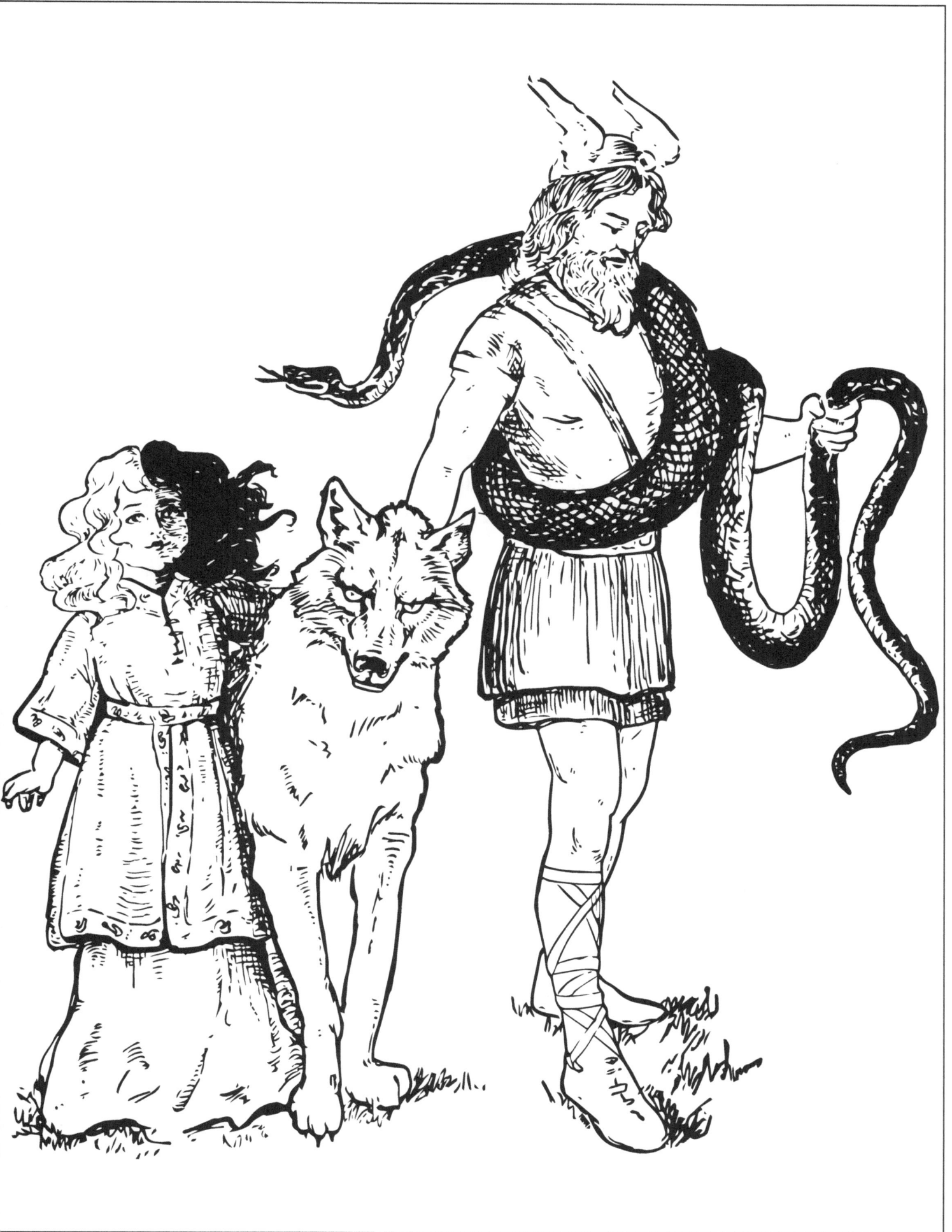

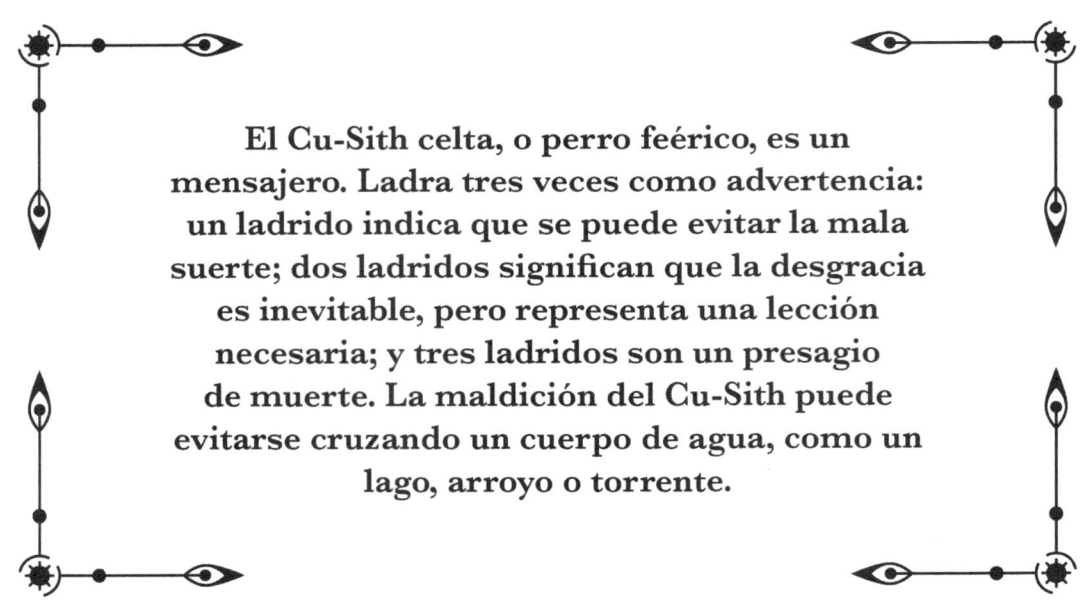

El Cu-Sith celta, o perro feérico, es un mensajero. Ladra tres veces como advertencia: un ladrido indica que se puede evitar la mala suerte; dos ladridos significan que la desgracia es inevitable, pero representa una lección necesaria; y tres ladridos son un presagio de muerte. La maldición del Cu-Sith puede evitarse cruzando un cuerpo de agua, como un lago, arroyo o torrente.

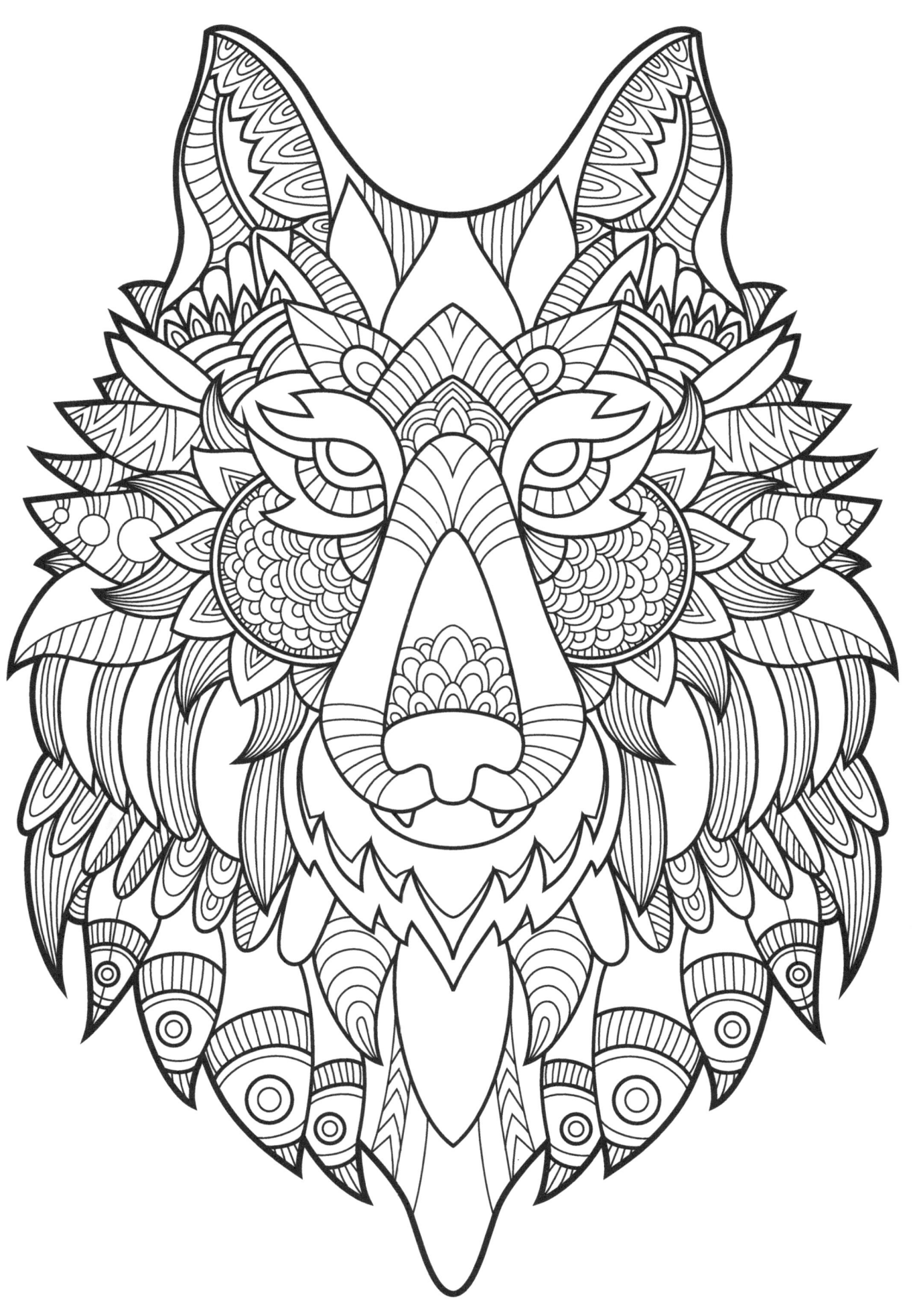

HECHIZO PARA UN AÑO DE BENDICIONES

Para atraer muchas bendiciones a lo largo del año: toma 12 velas de cumpleaños con sus respectivos portavelas. Colócalas a la luz de la luna llena y luego bajo los rayos del sol al mediodía. Ponlas en una bolsa verde y sostenla sobre tu corazón mientras dices:

Velas de potencial llama
Traed bendiciones brillantes en nombre de la brujería
Una bendición de lejos se acerca
Y me mantiene alegre todo el año
Bendiciones más allá de lo que me atrevo a soñar
Están en camino, llegando directamente a mí
A medida que cada pequeña llama arde brillante
Mi vida se llena de amor y luz
Así sea

El primer día de cada mes, enciende una de las velas y deja que se consuma por completo, trayendo bendiciones a tu vida.

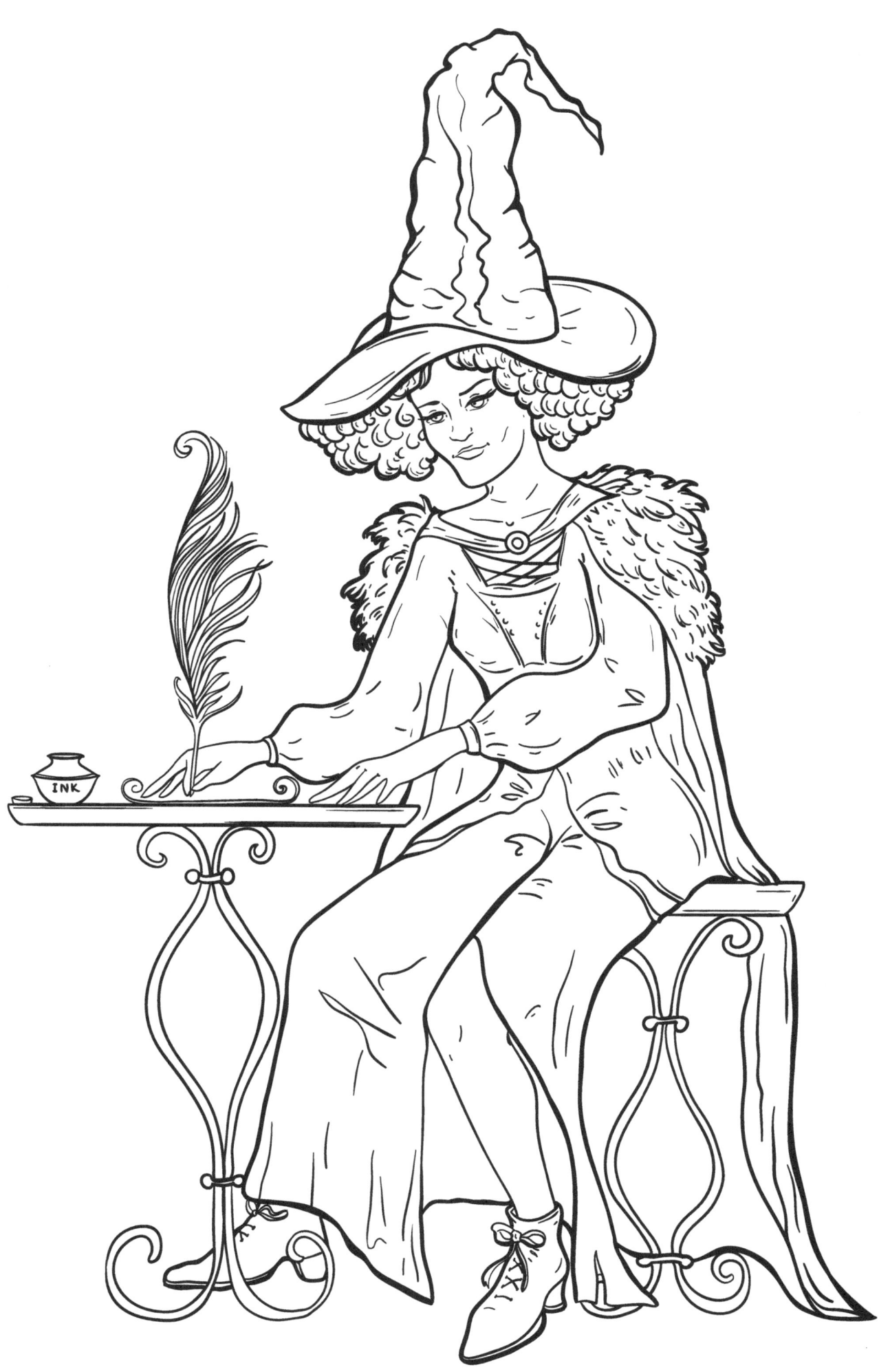

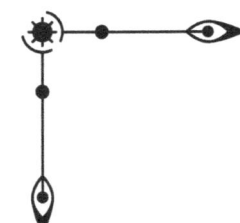

HECHIZO CORAZÓN VALIENTE
PARA LA AVENTURA

Si alguna vez te sientes atrapado o limitado, este hechizo puede ayudarte a despertar tu espíritu aventurero. Toma una vela dorada y graba a lo largo de ella las palabras *Corazón valiente y Aventura*. Enciende la vela y recita la invocación tres veces, dejando que la vela se consuma por completo:

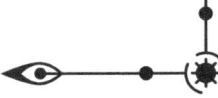

Brillo y deslumbramiento, volando libre
El espíritu de la aventura me lleva
De la jaula mundana por fin me desprendo
Desato mi poder como un verdadero corazón valiente

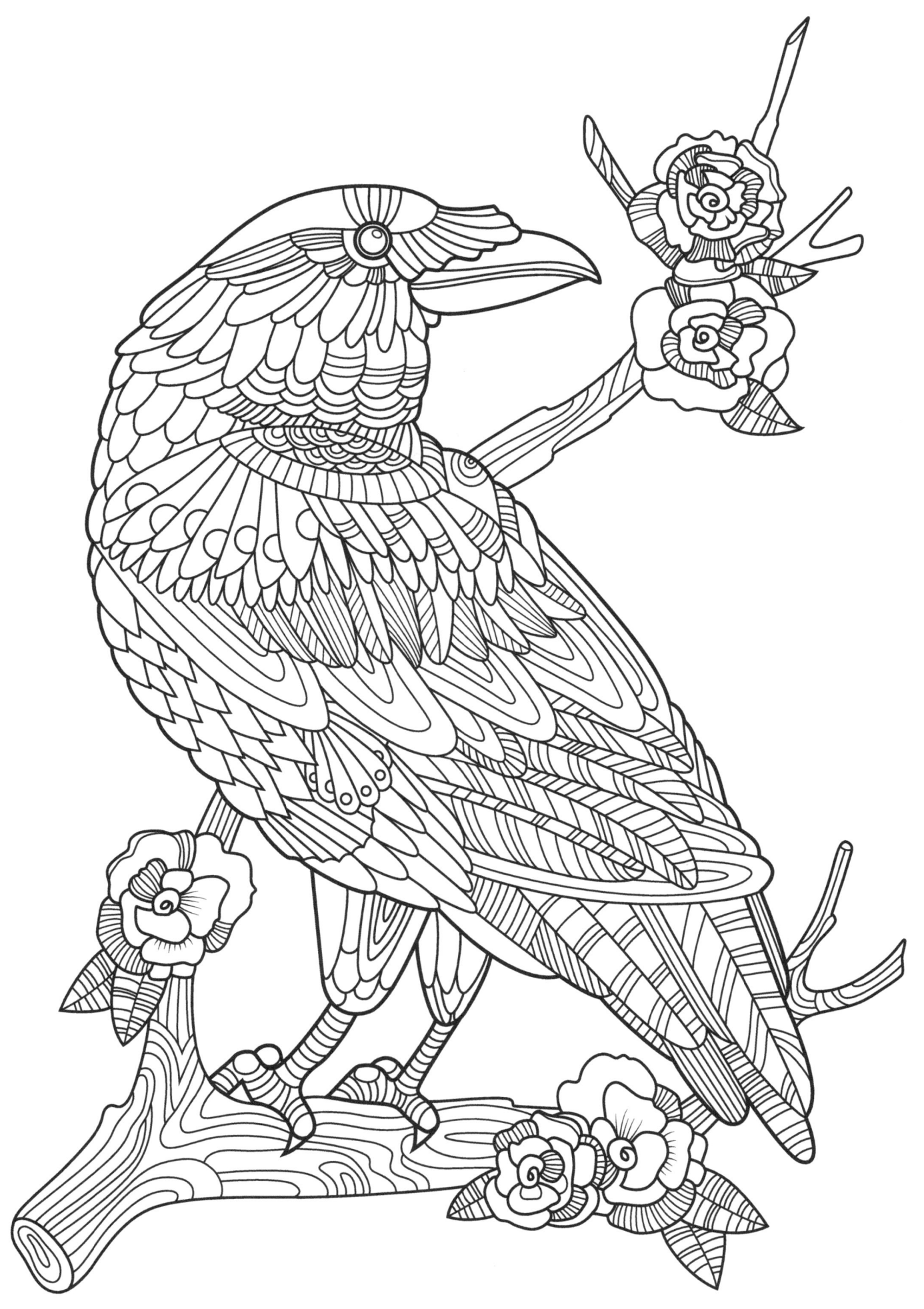

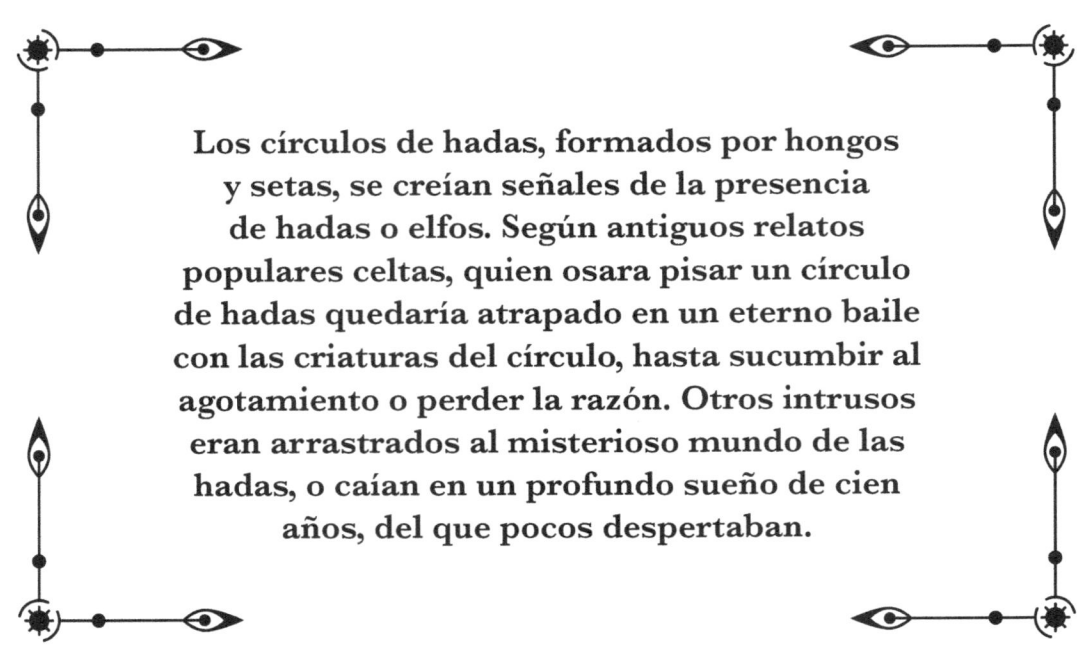

Los círculos de hadas, formados por hongos
y setas, se creían señales de la presencia
de hadas o elfos. Según antiguos relatos
populares celtas, quien osara pisar un círculo
de hadas quedaría atrapado en un eterno baile
con las criaturas del círculo, hasta sucumbir al
agotamiento o perder la razón. Otros intrusos
eran arrastrados al misterioso mundo de las
hadas, o caían en un profundo sueño de cien
años, del que pocos despertaban.

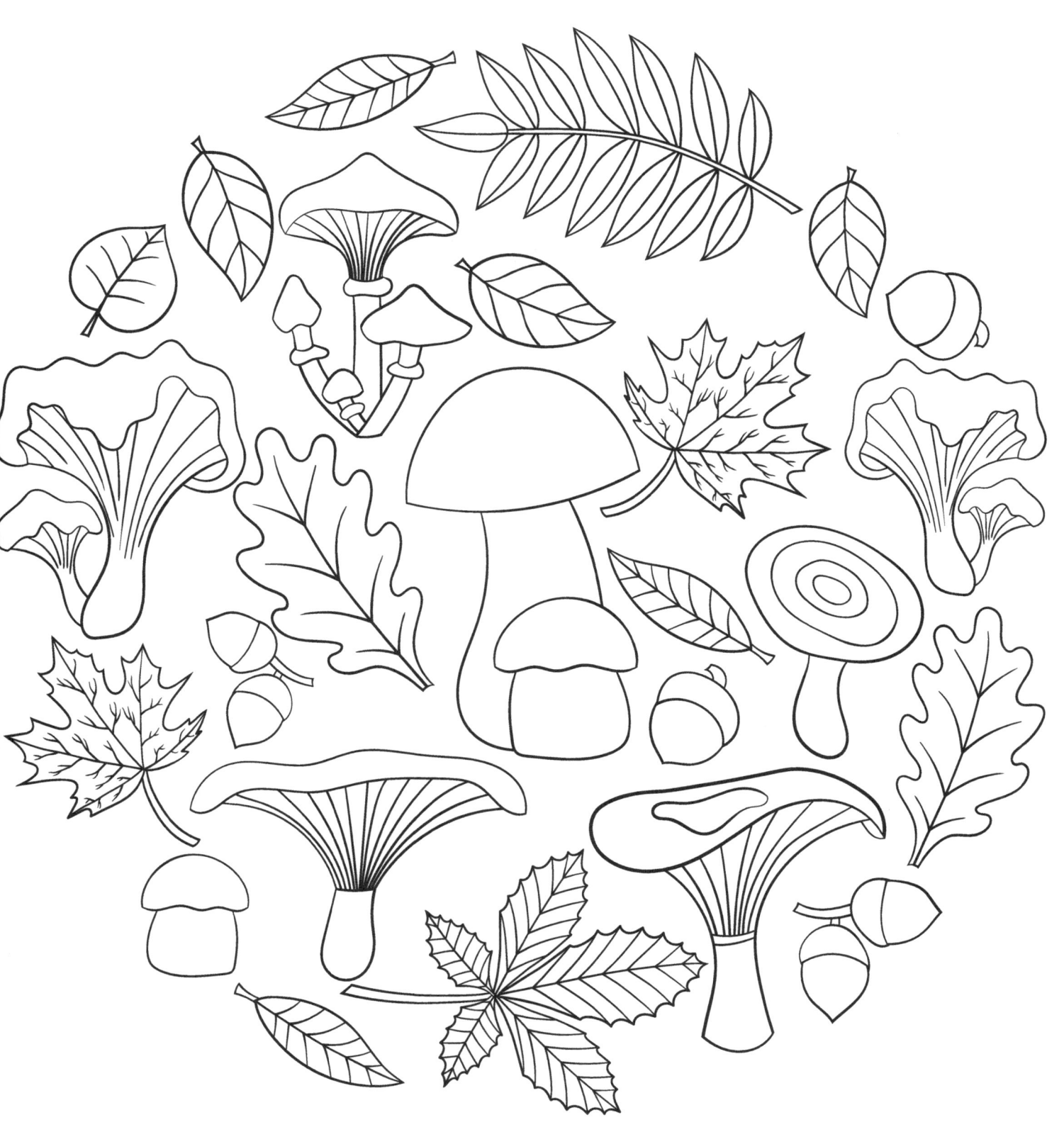

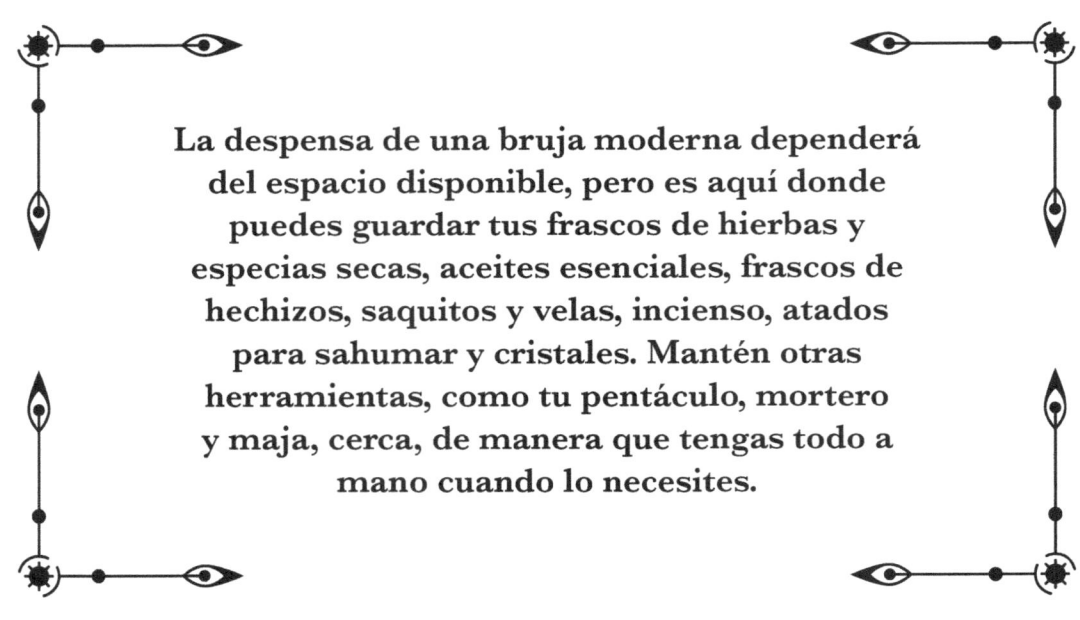

La despensa de una bruja moderna dependerá
del espacio disponible, pero es aquí donde
puedes guardar tus frascos de hierbas y
especias secas, aceites esenciales, frascos de
hechizos, saquitos y velas, incienso, atados
para sahumar y cristales. Mantén otras
herramientas, como tu pentáculo, mortero
y maja, cerca, de manera que tengas todo a
mano cuando lo necesites.

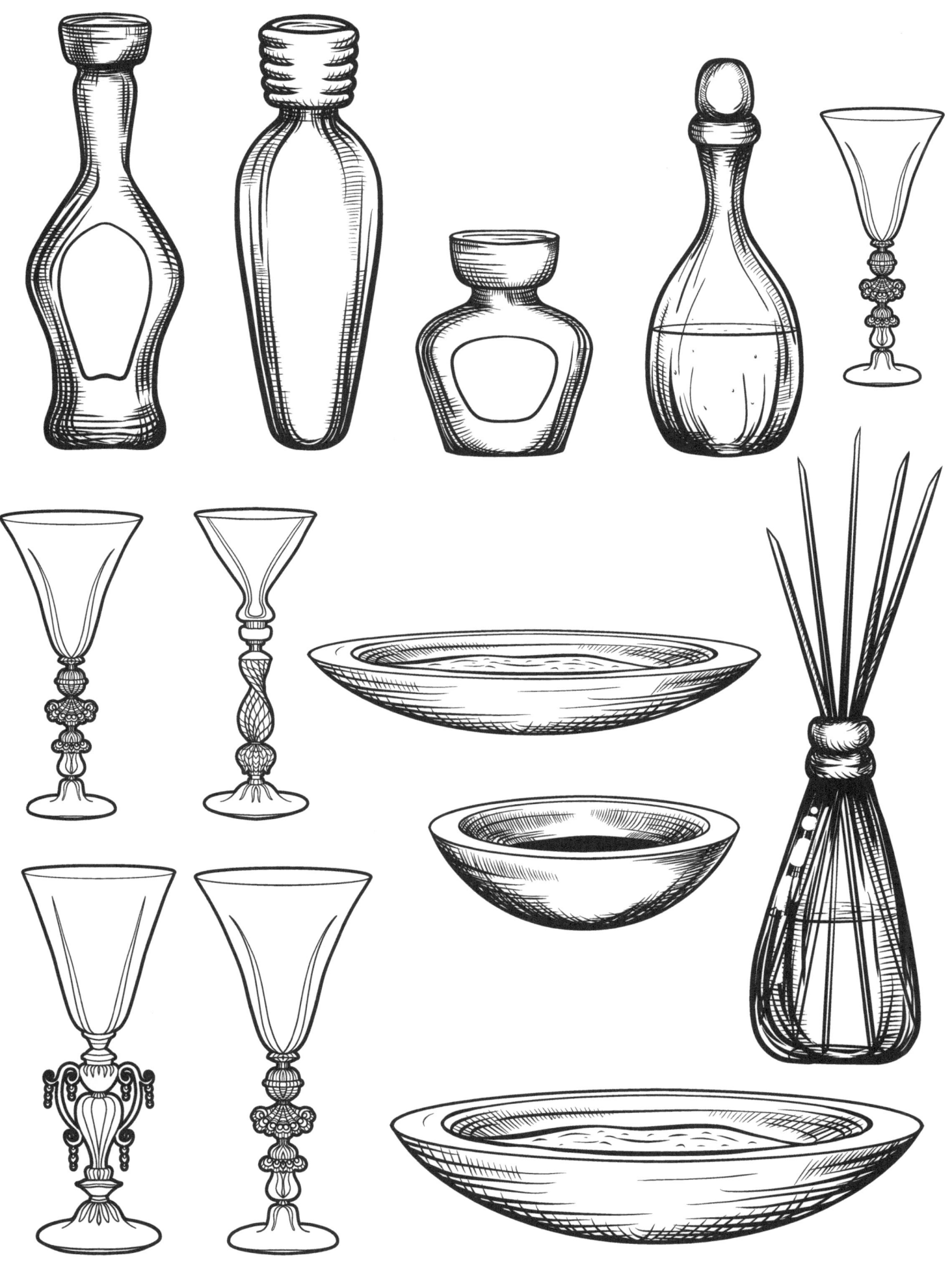

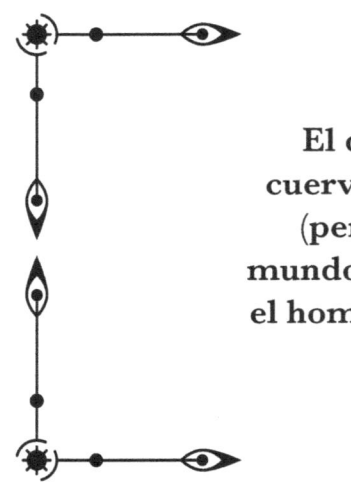

El dios nórdico Odín tiene dos cuervos, Hugin (memoria) y Munin (pensamiento), que recorren el mundo. Regresan para posarse sobre el hombro de Odín y contarle todo lo que han visto.

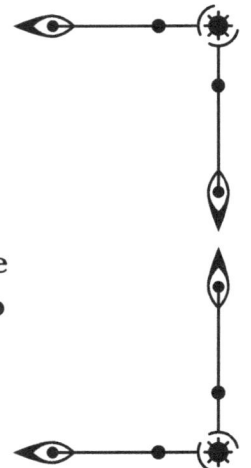

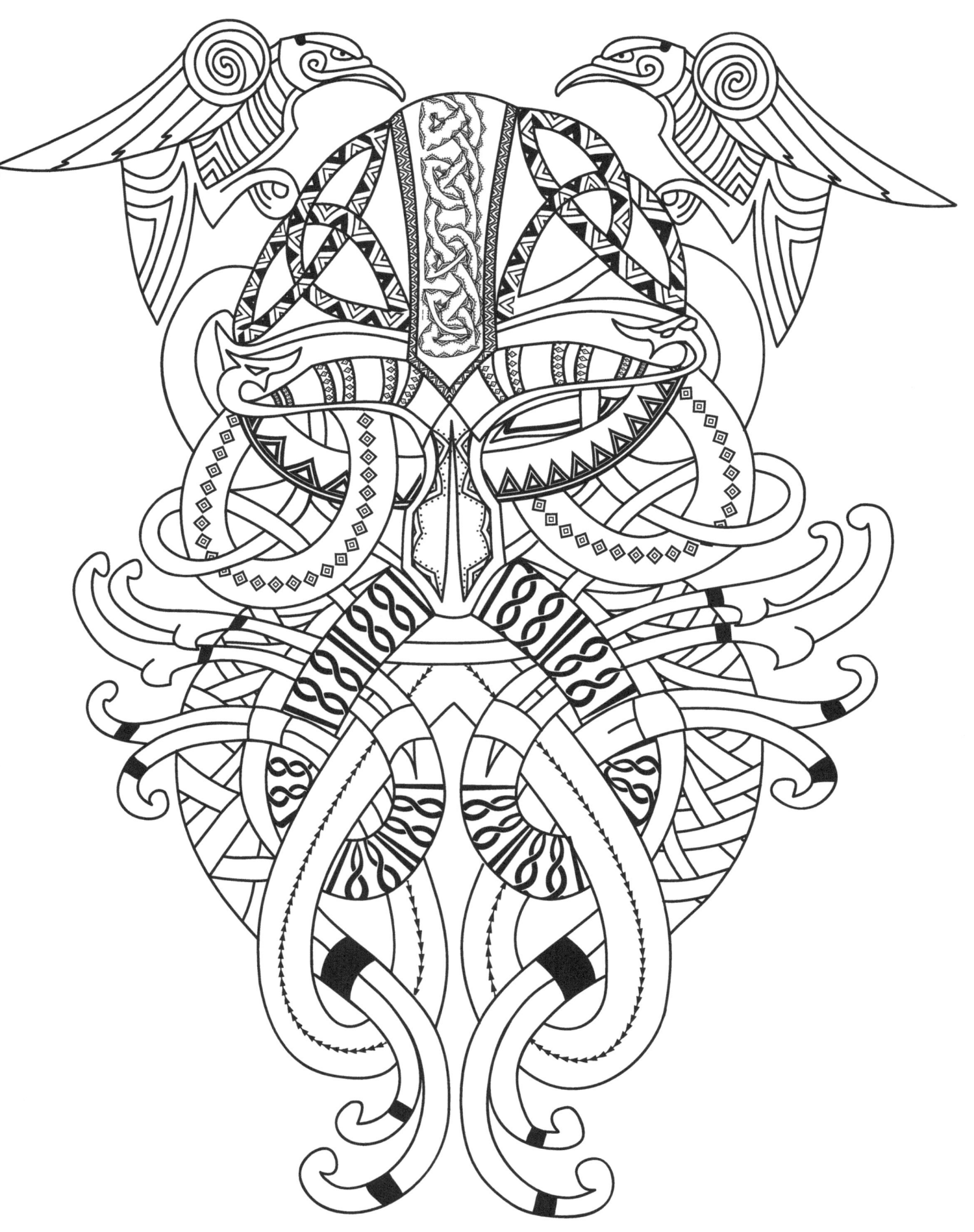